Joachim Berga

Herausgeber: Ursula Kocs, Thomas Kratz

W0300546

Lernen lernen

Kompetente Pflege

1. Auflage

Bestellnummer 16124

■ Bildungsverlag EINS

service@bv-1.de
www.bildungsverlag1.de

Bildungsverlag EINS GmbH
Ettore-Bugatti-Straße 6–14, 51149 Köln

ISBN 978-3-427-**16124**-0

Vorwort

Liebe Leserin, lieber Leser,

die neue Themenreihe „Kompetente Pflege“ ist flexibel, schüler-, handlungs- und praxisorientiert gestaltet und berücksichtigt aktuelle Erkenntnisse der Fachwissenschaft.

- **Flexibel** wird die Themenreihe durch die einzelnen Themenhefte, die jeweils einen Schwerpunkt abbilden.
- **Schülerorientiert** sind die Themenhefte in ihrer Bild- und Textgestaltung.
- Durch die Lernsituationen berücksichtigen die Themenhefte stringent einen handlungs**orientierten didaktischen Ansatz**.
- **Praxisorientiert** sind die Themenhefte, da viele Aufgaben in der Praxis von Praxisanleitern aufgegriffen werden können und somit der Theorie-Praxis-Transfer erleichtert wird.

Zusammen ist dadurch ein innovativer und an den Themenheften orientierter Unterricht möglich.

Die Themenreihe ist für alle pflegerischen und sozialpflegerischen Berufe und Ausbildungen der Berufsfachschulen, Berufskollegs und Fachschulen (von Altenpflegehilfe, Altenpflege, Diätassistentinnen und Diätassistenten, Familienpflegerinnen und Familienpfleger, Gesundheits- und Krankenpflege, Gesundheits- und Kinderkrankenpflege, Heilerziehungspflege, medizinische Fachangestellten sowie pflegeorientierte Studiengänge) bestimmt. Durch die Aufteilung in Themenhefte ist eine für den Ausbildungsgang spezifische Auswahl möglich. Zur besseren Orientierung besitzen die Themenhefte einen farblichen Einband, der sich an den Lernbereichen des Rahmenlehrplans der Pflegeausbildung orientiert:

Lernbereich 1 – Aufgaben und Konzepte = grüne Reihe
Lernbereich 2 – Unterstützung pflegebedürftiger Personen = lila Reihe
Lernbereich 3 – Institutionelle und rechtliche Rahmenbedingungen = orange Reihe
Lernbereich 4 – Pflege als Beruf = rote Reihe
Lernbereich übergreifend = blaue Reihe

Dabei sind die Lernsituationen an einer Modelleinrichtung ausgerichtet, sodass ein situationsorientiertes Lernen möglich wird. Die Aufbereitung des Unterrichts wird damit wesentlich reduziert, ohne die methodische Vielfalt einzugrenzen. Damit stellt die Themenreihe einen neuen Charakter von Schul- und Lehrbüchern dar.

Die Themenhefte berücksichtigen die aktuellen pflegewissenschaftlichen Erkenntnisse und die Expertenstandards, was sie als **Lehrbücher** auszeichnet. Darüber hinaus sind die Themenhefte als **Schulbücher** konzipiert, die im didaktischen Ansatz handlungs- und kompetenzorientiert ausgerichtet sind.

Das bedeutet, Sie verfügen in jedem Themenheft über

- eine Auswahl von Aufgabenstellungen und Falldarstellungen, sodass mithilfe des Themenheftes Unterrichtsreihen gestaltet werden können;
- eine integrierte dreistufige Lernsituation, die sich in der Komplexität oder Schwerpunktsetzung steigert und je nach Ausbildungsstand von den Schülerinnen und Schülern in Teilen oder vollständig selbstständig bearbeitet werden kann. Die Aufgabenformulierungen in der Lernsituation berücksichtigt das Prinzip der vollständigen Handlung, was ein reflexives Lernen ermöglicht.

Durch die unterschiedlichen Aufgabenformate und die gestufte Lernsituation wird eine Förderung der beruflichen Handlungskompetenz berücksichtigt. Dabei wurde besonders auf eine **Anwendungsorientierung** geachtet, die sich aus einer **Situationsorientierung** einschließlich einer Problemorientierung und einer **Entscheidungsorientierung** zusammensetzt. Zu den fachdidaktischen Prinzipien zählen ebenso die Wissenschaftsorientierung und die Heterogenität. Mit Heterogenität werden die Voraussetzungen und Rahmenbedingungen der Pflegeinstitute und Personen verstanden, die im Beziehungsprozess der Pflege stehen. Damit wird eine professionelle Fallarbeit gewährleistet.

Um die Anwendungsorientierung zu ermöglichen, wurde eine Modellgesundheitseinrichtung mit Krankenhaus, Altenheim und ambulantem Pflegedienst entwickelt, an der sich die Fallsituationen orientieren (hermeneutischer Ansatz). Die Modellgesundheitseinrichtung bietet die Möglichkeit, möglichst realistische Fälle aus dem Handlungsfeld der Auszubildenden zu integrieren (empirischer Ansatz).

Unter BuchPlusWeb (siehe Code) kann das Organigramm der Modellgesundheitseinrichtung nach einer Registrierung kostenfrei heruntergeladen werden. Zudem finden Sie unter BuchPlusWeb unterjährige Aktualisierungen zur Themenheftreihe, weitere Zusatzinformationen und Zusatzmaterialien sowie weitere, kostenpflichtige Lernsituationen und Lösungen zum Download.

Wir wünschen Ihnen mit der neuen Themenreihe viel Freude und Erfolg im Unterricht.

Die Herausgeber

Ursula Kocs und Thomas Kratz

Inhaltsverzeichnis

1 Lerngrundlagen

Die Auszubildende Johanka Pasak im Pflegeheim Großeichen unterhält sich mit Nick Wohler, dem zweiten Auszubildenden im Wohnbereich IV. „Nächste Woche haben wir wieder Schule. Da steht eine schwere Schulaufgabe über die Harnausscheidung an. Also, ich tu mich da unheimlich schwer mit dem Lernen der ganzen Fachbegriffe, z. B. bei der Niere!" „Das erging mir am Anfang nicht anders. Aber Frau Lambert, unsere Kursleiterin, hat uns dann über das Lernen lernen unterrichtet und uns ganz praktische Tipps gegeben. Du dürftest meine Wohnung nicht sehen: An allen möglichen Stellen sind Zettel mit Fachbegriffen und Merksätzen platziert. Aber so kann ich mir das merken, weil ich immer wieder daran vorbeigehe und zum Teil völlig unbewusst lerne." „Wirklich?", fragt Johanka zurück. „Wir hatten den Unterricht auch, aber ich dachte immer, das wäre ohnehin nichts für mich. Vielleicht sollte ich mal andere Methoden ausprobieren ...?"

Viele Auszubildende in der Altenpflege, insbesondere jene, die gerade aus einer allgemeinbildenden Schule entlassen wurden, meinen, sie müssten ihre Lernstrategie nicht überprüfen oder gar ändern, schließlich seien sie das Lernen ja gewöhnt. Demgegenüber stehen Aussagen von bereits älteren Kursteilnehmern in der Altenpflegeausbildung, wonach sie sich schwer täten beim Lernen, eben weil sie es nicht mehr gewöhnt sind.

Das Lernen lernen – eine Umgewöhnung für Auszubildende

Beide Aussagen entsprechen jedoch nur zum Teil der Wirklichkeit. Während die Gruppe der Schulabgänger ihre in zehn oder mehr Schuljahren angewöhnten Lernstrategien weiter verfolgt und dennoch über komplizierte Lerninhalte klagt, lernt die Gruppe der Späteinsteiger mit jenen Lernmustern weiter, die sie bereits in ihrer früheren Schullaufbahn für erfolgreich erachtet haben. Eine wirkliche Änderung des Lernverhaltens wird jedoch von kaum von einer der beiden Gruppen in Erwägung gezogen. Und so „büffeln" junge und ältere Schüler weiterhin vor schweren Fachbüchern und versuchen angestrengt, den Lernstoff zum Zwecke der Reproduktion für den nächsten Leistungsnachweis abzuspeichern.

Die Lernstrategien der Vergangenheit entsprechen allerdings nicht mehr der multifunktionalen Herausforderung der Berufsrealität, für die ja eigentlich gelernt werden sollte. Um den Lernprozess zu optimieren, muss erst verstanden werden, wie er eigentlich abläuft.

1.3 Was ist Lernen?

***Lernen:** auf Erfahrung basierender Prozess, der zu Vermehrung individuellen Wissens u. zu anhaltender positiver od. negativer Verhaltensänderung führt, z. B. durch Habituation, klassische, evaluative, operante u. instrumentelle Konditionierung, Modelllernen, Instruktionslernen u. einsichtiges Lernen (d. h. durch kognitive Prozesse).*

Quelle: Pschyrembel, Willybald (Hrsg.): Klinisches Wörterbuch, 261. Auflage, Berlin, 2007, Seite 1091

Was sich in einer Definition relativ nüchtern liest, ist in Wahrheit ein äußerst komplexes neurophysiologisches, psychologisches und emotionales Geschehen, das sich in vielen Details auch heute noch den Wissenschaften verschließt.

Merkmale des Lernens

- Lernen basiert auf der Lebenserfahrung und der Fähigkeit des menschlichen Gehirns, die Erfahrung abzuspeichern und abzurufen (Gedächtnis). Im Zuge der Lernprozesse werden Nervenverbindungen (neuronale Verknüpfungen) ausgebildet bzw. (re-)aktiviert.
- Lernen umfasst sowohl die Ebene der Wissensvermehrung (Informationsspeicherung) als auch die Ebene der Verhaltensänderung.
- Lernen geschieht durch verschiedene Methoden bzw. Arten.

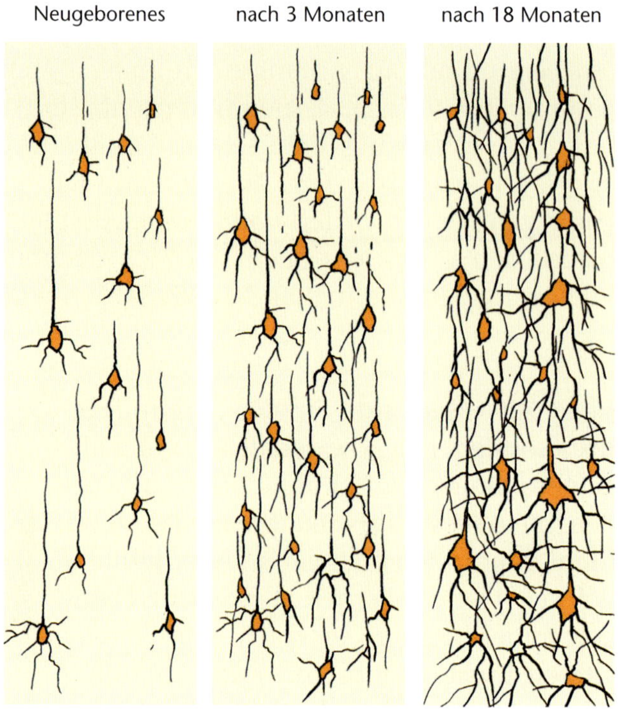

Entwicklung der neuronalen Verknüpfungen beim Kind

Lernvoraussetzungen

- Physiologische Voraussetzungen: Lernen benötigt eine intakte und aktuell funktionierende Hirnstruktur. Insbesondere die Gedächtnisleistung ist gefordert. Unter Drogen-, Medikamenten oder Alkoholeinfluss z.B. wird Lernen – durch den aktiven Eingriff dieser Substanzen in die Transmitter- und Synapsenstrukturen des Gehirns – erheblich erschwert bzw. unmöglich. Neue neuronale Verknüpfungen sind dann nicht belastbar und verlieren sich wieder. Eine erhebliche Erschwernis besteht auch bei Veränderungen der Gehirnstrukturen, die durch Unfälle oder Erkrankungen/Behinderungen entstanden sind, z.B. bei Demenz. In diesen Fällen vollzieht sich Lernen äußerst mühsam bzw. hat zudem auch auf anderen außerkognitiven Ebenen, z. B. über die Gefühlsebene stattzufinden.
- Motivation und Emotion: Ohne den Willen, bestimmte Inhalte zu lernen, gelingt kein verfestigtes Lernen. Das Lernen von Stoff für die nächste ungeliebte Schulaufgabe ist ein Ad-hoc-Lernen, das keine dauerhafte Speicherung zulässt, da es emotional blockiert ist. Siehe hierzu Abschnitt 1.3
- Umweltbedingungen: Zum intensiven Lernen komplexer Inhalte und Vernetzungen ist die Frage nach den optimalen Umwelt- und Lernbedingungen zu stellen. Die Antwort darauf wird oft lauten „leiser Raum, keine Störung, keine Ablenkung ...“. In Wahrheit jedoch ist es eher eine Frage des Wohlfühlens jedes einzelnen Individuums. Bei manchen Lernenden mag eine stille Umgebung förderlich sein, andere wiederum benötigen einen gewissen Reizpegel in ihrem Lernraum. Deshalb sollte zunächst diese Bedingung für jeden Einzelnen bekannt sein. Ordnung wird allgemein ebenso als lernfördernd betrachtet, kann sich bei manchen Lernenden jedoch auch kreativitätshemmend auswirken. Insofern muss ein Lernender sich und seine Lernbedingungen bestens kennen und anpassen, um für ihn optimale Ergebnisse zu erzielen.

Synapsen: Kontaktstellen zwischen den Nervenzellen im Gehirn; Transmitter: Biochemische Überträgerstoffe zwischen den Synapsen.

1.4 Lerntheorien

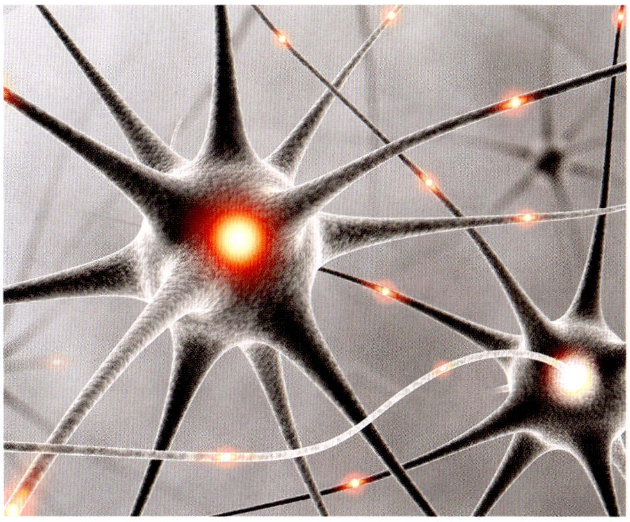

Eine Lerntheorie beschreibt im Rahmen der Psychologie, auf welche Art der Lernprozess in Gang gebracht wird. Die folgenden Lerntheorien sind in der Praxis bereits bewiesen.

1.4.1 Klassisches Konditionieren

Das klassische Konditionieren geht zurück auf den Physiologen Iwan Pawlow („Pawlowscher Hund"). Dabei löst ein ursprünglich neutraler Reiz einen Reflex aus. Pawlow brachte dazu eine Glocke ins Spiel, die für den Hund zunächst keine Bedeutung hatte. Als er jedoch zu jedem Läuten einen Futterreiz bekam, setzte nach kurzer Zeit bereits beim Läuten der Glocke der Speichelfluss ein. Für das Lernen im schulischen Sinne hat diese Lerntheorie keine Bedeutung, wohl aber zur Therapie z. B. bei Ängsten oder Zwangshandlungen (Desensibilisierung). Insbesondere Prüfungsangst kann durch eine Gegenkonditionierung (Abschwächung durch Verstärkung des erwünschten Verhaltens) reduziert werden.

1.4.2 Operantes Konditionieren

Das operante Konditionieren folgt einem Reiz-Reaktionsmuster. Auf einen bestimmten Reiz erfolgt zunächst eine beliebige Reaktion. Diese wiederum wirkt sich auf den Reiz aus. Ist die Reaktion erfolgreich, wird sie wiederholt und somit neues Verhalten gelernt.

Beispiel
Während der Ganzkörperwaschung der unter Alzheimerscher Demenz leidenden Patientin Helga Heinze auf der neurologisch-geriatrischen Station des St. Johannis Krankenhauses legt der Auszubildende Lars Gollnik der unruhigen Bewohnerin zufällig die Hand auf die rechte Schulter. Augenblicklich wird die Dame ruhiger. Sobald Lars den Körperkontakt löst, beginnt Frau Heinze wieder unruhig zu werden, sobald er die Hand wieder auflegt, beruhigt sich die Bewohnerin. Auch an den folgenden Tagen wiederholt sich das Geschehen. Lars hat also durch das Konditionieren gelernt und wird dieses Verhalten – zumindest bei Frau Heinze – beibehalten. Ihre Reaktion auf den Reiz (Unruhe) war zunächst beliebig und spontan und hatte dann eine positive Wirkung. Dieses Erfolgserlebnis führt zur Wiederholung der Reaktion bzw. des Verhaltens.

Umgangssprachlich wird diese Lernart als Lernen am Erfolg bzw. Lernen durch Belohnung oder Bestrafung bezeichnet. Wird diese Lerntheorie als Instrument eingesetzt, um eine positive Reaktion zu provozieren, spricht man vom instrumentellen Lernen bzw. der instrumentellen Konditionierung.

■ ***Aufgabe 1***
Versuchen Sie, Ekelreaktionen während der Pflege mit dem klassischen Konditionieren zu erklären.

■ ***Aufgabe 2***
Erarbeiten Sie Situationen, in welchen Sie persönlich durch operantes oder instrumentelles Konditionieren lernen bzw. gelernt haben.

1.4.3 Lernen am Modell

Die Umsetzung dieser Lerntheorie wird besonders in der Pflegeausbildung durch die Interaktion zwischen Praxisanleiter und Schüler sehr häufig praktiziert. Der Schüler ahmt dabei das Verhalten bzw. eine Handlung des Praxisanleiters, die ihm vorgemacht wird, nach. Man spricht auch vom Imitations- oder Nachahmungslernen. Der Lernerfolg hängt dabei wesentlich von den folgenden Faktoren ab:

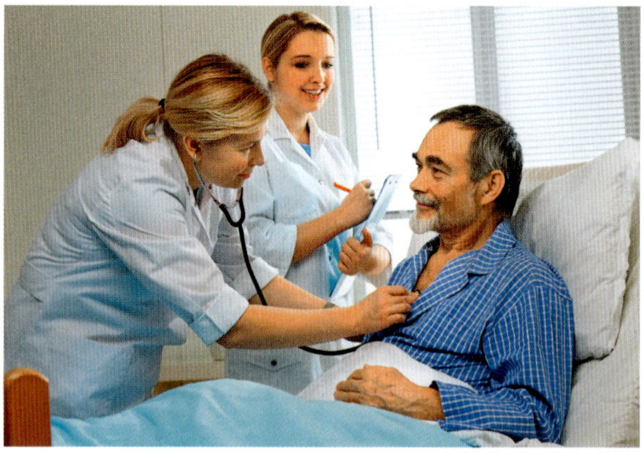

Die Praxisanleitung – ein Vorbild zum Lernen

- Attraktivität des Modells: Das Modell (z. B. der Praxisanleiter) fungiert als Vorbild, ist im Kollegenkreis geachtet und geschätzt, hat persönlichen Erfolg etc.
- Erfolg der nachgeahmten Handlung oder des Verhaltens: Die gelernte Handlung oder Verhaltensweise führt unmittelbar zu einer positiven Veränderung oder gereicht dem Lernenden in irgendeiner anderen Weise zum Vorteil.
- Erfolg des Ergebnisses der gelernten Handlung oder des Verhaltens: Das Ergebnis einer imitierten Handlung oder Verhaltensweise ist für den Lernenden so attraktiv, dass die Handlung oder das Verhalten ggf. auch unter erheblichen Mühen nachgeahmt wird.

Beispiel
Die Auszubildende Johanka Pasak im Pflegeheim Großeichen sieht ihrer Kollegin Zdenka Hrachovina zu, wie sie Frau Becker, eine schwerstpflegebedürftige Heimbewohnerin, lagert. Obwohl die Lagerung augenscheinlich gut gelingt, hegt Johanka Zweifel, da Zdenka zum einen keine Pflegefachkraft ist und ihr zum anderen ein zweifelhafter Ruf als oberflächliche Mitarbeiterin nachhängt. Erst als die stellvertretende Wohnbereichsleitung Sonja Walter ihr die Lagerung auf die gleiche Weise demonstriert, imitiert Johanka dieses Vorgehen.

Im Beispiel ist also die Attraktivität des Modells (hier: Sonja Walter) ausschlaggebend für den Erfolg des Lernens am Modell. Dennoch kann ein Lernerfolg auch bei weniger attraktiven Vorbildern gelingen, wenn die anderen beiden Bedingungen (Erfolg der Handlung bzw. des Ergebnisses) stimmen. Dies zu entscheiden, obliegt dem Lernenden. Er wird durch Einsicht sehr schnell lernen, wo bzw. bei wem die Aussicht auf Lernen am Modell den meisten nachhaltigen Erfolg verspricht.

■ ***Aufgabe 3***
Beschreiben Sie typische Lernerfahrungen aus der Praxis, welche die Merkmale des Lernens am Modell verdeutlichen.

1.4.4 Lernen durch Versuch und Irrtum

Das Lernen durch Versuch und Irrtum ist kennzeichnend für eine Problemlösungsstrategie in für den Lernenden noch unbekannten Lernbereichen. Gemäß der Volksweisheit „Probieren geht über Studieren" werden Lösungswege ohne tiefer gehende Vorüberlegungen und eher zufällig versucht. Führt einer der Versuche zum Erfolg, hat sich ein positiver Lernprozess vollzogen; bleibt der Erfolg aus, wird man in ähnlichen Situationen die erfolglosen Versuche künftig vermeiden. Diese Strategie mag in der Praxis manchmal auch ihre

Berechtigung haben, in komplexen Handlungssituationen kann sie den Lernprozess jedoch erheblich in die Länge ziehen. Das klassische Alltagsbeispiel:

Beispiel

Die beiden Auszubildenden auf der neurologischen Station im St. Johannis Krankenhaus, Elke Hoffmann und Lars Gollnik, haben mit ihrem Novembergehalt eine für sie beträchtliche Summe an Weihnachtsgeld erhalten. Beide können sich nun endlich den Wunsch nach einem Smartphone erfüllen. Da für beide die technischen Möglichkeiten noch neu sind, müssen sie sich eingehend mit dem neuen Gerät befassen. Lars ruft Elke als erste an: „Ich habe mir schon die neuesten Apps heruntergeladen! Einfach toll, das Teil!" „So weit bin ich noch nicht. Ich probier schon die ganze Zeit, krieg das aber nicht hin." entgegnet Elke. „Das ist wieder typisch für dich", meint Lars. „Du probierst immer erst, anstatt einmal die Gebrauchsanweisung zu lesen ..."

■ *Aufgabe 4*

Sicher fallen Ihnen auch zum Lernen durch Versuch und Irrtum aus dem Berufs- und Privatleben Erlebnisse ein. Schildern Sie diese.

1.4.5 Lernen durch Einsicht

Diese Lerntheorie erfordert in der Umsetzung gewisse kognitive Mindestvoraussetzungen. Um durch Einsicht zu lernen, muss der Lernende gezielt wahrnehmen können, die Wahrnehmung verstehen und beurteilen und zuletzt auch deren Bedeutung und Sinn erfassen können. Daraus erwächst dann eine Handlungsstrategie, die im – Gegensatz zum vorher geschilderten Versuch-und-Irrtum-Lernen – vor der eigentlichen Handlung ein gedankliches Durchspielen der einzelnen Handlungsschritte bis hin zum möglichen Endergebnis vollzieht.

Entscheidend für diese Lerntheorie sind der vorhandene individuelle Erfahrungshintergrund und die immense Fähigkeit des Gehirns, eine neue Situation mit bereits vorhandenen abgespeicherten Wissensinhalten, Handlungsstrategien und Erlebnissen abzugleichen sowie dabei auch die Emotionen aus den Erfahrungen und der Aktualität zu bewerten. Unbewusst setzen ältere Lernende daher diese Lernstrategie viel öfter ein als jüngere. Doch auch die jüngeren Lernenden können das kognitive Lernen optimieren, wenn sie darauf achten, dass Kognition und Emotion zueinander stimmig sind.

Leider wird im Schulalltag das kognitiv-emotionale Lernen nur selten wirklich gefördert. Noch allzu häufig dominiert die konservative Wissensvermittlung auf Seiten der Lehrenden, andererseits aber auch eine Lernträgheit der Lernenden, welche sich nicht auf effektivere Lernmethoden einlassen wollen.

Erfolgreiches Lernen, das auch an den beruflichen Handlungsanforderungen orientiert ist, muss die Assoziationsfähigkeit des menschlichen Gehirns unterstützen, nicht nur dessen Fähigkeit der Abspeicherung von Lernstoff. Dafür bedarf es jedoch einer Lehr- und

Lernkultur, die die oben beschriebenen Ressourcen der Wahrnehmung, des Verstehens, der Beurteilung, und der Bedeutungserfassung fordert und fördert. Es muss ein vernetztes Lehren und Lernen stattfinden, das die Anzahl der neuronalen Verknüpfungen in *allen* Großhirnbereichen erhöht. Das sture Auswendiglernen von Lernstoff läuft diesem Bestreben zuwider.

Ein Schüler kann die Grundelemente der Dekubitusprophylaxe theoretisch aus dem Lehrbuch auswendig lernen oder im Unterricht von der Tafel abschreiben. Diese wird er in einem schriftlichen Leistungsnachweis auch reproduzieren, aber in der Praxis noch lange keine Prophylaxe durchführen können.

Er wird den Sinn und die Bedeutung erst erfassen können, wenn er das Thema visualisiert, d. h. Bilder eines Dekubitus zu sehen bekommt.

Noch mehr Verfestigung erhält der Lernstoff, wenn er einen Dekubitus in der Praxis bei einem Patienten mit allen Sinnen (auch den Geruch und evtl. Schmerzensäußerungen des Patienten) wahrnehmen kann.

Die emotionale Lernkomponente kommt jedoch erst hinzu und wird für die Nachhaltigkeit sorgen, wenn er eine Druckstelle imitieren und selbst erfahren kann, indem er 20 Minuten still auf seinem Stuhl verbringt und währenddessen auf einem taubeneigroßen Kieselstein sitzt. Wenn er dieses Erlebnis anschließend im Unterricht reflektieren kann, bilden sich aus allen einzelnen Wahrnehmungen heraus Assoziationen, und er kommt fast von selbst auf die erforderlichen prophylaktischen Maßnahmen. Deshalb sind Selbsterfahrungsübungen im Pflegeunterricht so wertvoll.

Pseudomathematische Lernhypothese:
Lernen = Wahrnehmen + Verarbeiten + Speichern + Emotionalisieren + Reflektieren + Motivieren

1.5 Lernmotivation

Ein entscheidender Faktor erfolgreichen Lernens ist die Lernmotivation.

Wer etwas lernen will, lernt leicht. Wer etwas lernen muss, lernt schwer.

So sah eine Schule vor hundert Jahren aus

Die Motivation zum Lernen entspringt entweder dem Willen des Lernenden selbst (intrinsische Motivation) oder wird durch Anerkennungsbedürfnisse sowie Einflüsse aus der Lebensumwelt angeregt (extrinsische Motivation). Fließende Übergänge bzw. Mischformen sind möglich und nicht immer klar voneinander zu trennen.

Bei der intrinsischen Motivation geht es hauptsächlich um Motive, die gemäß der Maslowschen Bedürfnishierarchie in allen Menschen als Wachstumsmotiv Selbstverwirklichung angelegt sind: Neugier, Wissenserwerb, Spaß, Selbstentfaltung. Mit Eifer besuchen Lernwillige beispielsweise Kurse in den Volkshochschulen zu Themen, mit denen sich ihr Hobby bereichern lässt (Kochkurse, Malkurse, Fotokurse etc.). Das Lernen gelingt hier meist in faszinierendem Tempo. Der US-Psycholge Abraham Maslow entwickelte die Bedürfnispyramide. In ihr sind fünf Bedürfnisstufen aufgeführt: 1. die physiologischen Bedürfnisse (Hunger stillen, schlafen, bewegen usw.); 2. die Sicherheitsbedürfnisse (Sicherheit, Geborgenheit, Stabilität...); 3. die sozialen Bedürfnisse (Liebe, Zuneigung...); 4. das Bedürfnis nach Anerkennung und Wertschätzung und 5. das Bedürfnis nach Selbstverwirklichung. Kernpunkt der Annahmen Maslows ist, dass Bedürfnisse einer höheren Stufe erst erfüllt werden können, wenn die der unteren bereits befriedigt wurden. Lernen im Sinne der Selbstverwirklichung ist demnach nicht erfolgreich, wenn das physiologische Bedürfnis nach Essen und Trinken nicht gestillt ist oder der Lernende keine Anerkennung und Wertschätzung erhält.

Die extrinsische Motivation entsteht zumeist in Verbindung mit dem Wunsch nach sozialer, beruflicher und/oder ehrenamtlicher Anerkennung (Wachstumsmotiv Anerkennung). Hier sind die äußeren Einflüsse entsprechend hoch. Nicht immer beruht Lernen aus extrinsischer Motivation heraus jedoch auf unbedingter Freiwilligkeit.

Beispiel

Im Wohnbereich II des Hauses Großeichen erhält der stellvertretende Wohnbereichsleiter Mark Kamenz von Einrichtungsleiter Herbert Rost die Einladung zu einer Weiterbildung zur Verantwortlichen Pflegefachkraft. Er stellt ihm auch die Übernahme der Wohnbereichsleitung in einer anderen Station in Aussicht, so wie Mark es sich gewünscht hatte. Sofort willigt Mark Kamenz ein, obwohl dies für ihn eine anstrengende Studienzeit neben seiner Vollzeitstelle bedeutet.

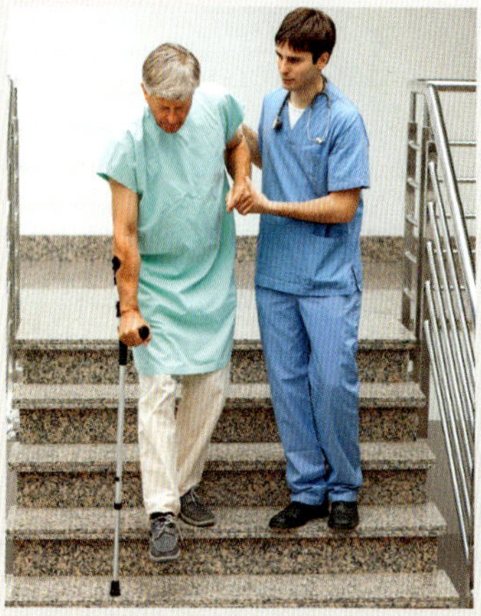

Im Beispiel zeigt Mark Kamenz sowohl von sich aus eine hohe intrinsische Motivation, weil er wissbegierig ist und sich gerne auf Neues einlässt. Zudem wird er extrinsisch motiviert, als er nach Abschluss der Weiterbildung eine höhere Anerkennung der Umwelt erfahren kann und auch von seinem Vorgesetzten unterstützt wird. Beste Lernbedingungen also aus der Motivationssicht heraus.

Beispiel

Im Wohnbereich III arbeitet die Pflegefachkraft Frederike Thaler. Sie soll nach dem Wunsch von Heimleiter Rost demnächst eine Weiterbildung zur Gerontopsychiatrischen Fachkraft absolvieren, da im Wohnbereich III erst kürzlich eine Kollegin mit eben jener Qualifikation das Haus verlassen hatte und die Stelle gemäß der Vorgabe der Heimaufsicht baldmöglichst neu zu besetzen ist. Frau Thaler sieht dem Lehrgang mit Bangen entgegen, denn sie arbeitet zwar gerne mit Demenzkranken, hat aber gar keine Lust, sich mit Fachbegriffen und theoretischem Wissen zu belasten. Viel lieber wäre ihr eine Schulung für Tagesgestaltungsangebote.

In diesem Beispiel ist wohl eher von einem bescheidenen Lernerfolg bei der Weiterbildung auszugehen. Die intrinsische Lernmotivation ist sehr begrenzt ausgebildet.

■ ***Aufgabe 5***
Hand auf´s Herz: Wie hoch schätzen Sie auf einer Skala von 1–10 Ihre intrinsische und extrinsische Lernmotivation ein?
Was könnte Ihre Motivation steigern?

1.5.1 Steigerung der Lernmotivation

„Wenn Du ein Schiff bauen willst, dann trommle nicht Männer zusammen, um Holz zu beschaffen, Aufgaben zu vergeben und die Arbeit einzuteilen, sondern lehre die Männer die Sehnsucht nach dem weiten, endlosen Meer."

Quelle: Antoine de Saint-Exupéry: Die Stadt in der Wüste, Citadelle, Düsseldorf: Karl Rauch, 1951, S. 355, Nr. 139

■ ***Aufgabe 6***
Wie würden Sie das Zitat von de Saint-Exupéry deuten? Trifft es auch auf Sie zu?

Das Zitat von Antoine de Saint-Exupery gehört mittlerweile zum Standard der Lernmotivatoren. In ihm vereinen sich die Grundgedanken des modernen pädagogischen Wunsches nach selbstgesteuertem und selbstorganisiertem Lernen der Schüler. Bezogen auf die persönliche Lernmotivation in der Pflegeausbildung könnte das Zitat auch lauten:

Wenn du den Pflegeberuf ergreifen und die Pflegeprüfung schaffen willst, dann sammle nicht Bücher und Skripte, um sie zu pauken, sondern frage dich, wie du mit diesem Wissen für den Menschen Gutes tun kannst!

Berufsbezug herstellen
Sie, als Lernender, haben es selbst in der Hand. Stellen Sie immer einen Bezug her zwischen dem, was in der Schule gelehrt wird und dem, was Sie davon für Ihren Berufsalltag brauchen. Sie werden feststellen, dass es kaum „unnützes Zeug" im Unterricht gibt. Es gibt vielleicht langweiligen, aber keinen sinnlosen Unterricht. Je mehr Sie sich die Bedeutung dessen bewusst machen können, wofür das Wissen, die Kenntnisse und Fertigkeiten in der Ausbildung im beruflichen Alltag benötigt werden, desto höher wird die Lernmotivation sein. Voraussetzung dafür ist natürlich, dass Sie sich Ihrer beruflichen Ziele als Fachpflegekraft bewusst sind. Wichtig dabei: Verfolgen Sie nicht die Ziele Anderer. Verfolgen Sie Ihre Ziele.

■ ***Aufgabe 7***
Nehmen Sie sich etwa 30–45 Minuten Zeit und schreiben Sie einen Brief an sich selbst. Formulieren Sie darin ganz ungezwungen Ihre näheren und ferneren beruflichen Ziele und Träume sowie Ihre Erwartungen an sich selbst. Legen Sie den Brief zu Ihren allerpersönlichsten Unterlagen, er geht niemanden etwas an. Jedes Mal, wenn Sie künftig ein ausgesprochenes Motivationstief haben, lesen Sie sich diesen Brief laut vor.

Welcher Erfolgstyp sind Sie?

Unterschieden wird zwischen dem Misserfolgstyp und dem Erfolgstyp, entsprechend dazu können Sie eine Misserfolgsmotivation oder eine Erfolgsmotivation als Strategie wählen. Die Erfolgsmotivation ist selbstverständlich der gewinnträchtigere Weg:

Erfolgsmotivierte Lernende	Misserfolgsmotivierte Lernende
freuen sich über Erfolg	fürchten Misserfolge und werten Erfolge ab
können viel gewinnen und wenig verlieren	können viel verlieren und wenig gewinnen
haben eine realistische Berufserwartung	haben eine unrealistische Berufserwartung
werden durch Misserfolge mehr motiviert	Misserfolge senken ihre Motivation
stellen sich mittelschweren Aufgaben	stellen sich schweren Aufgaben
investieren mehr Zeit in das Lernen	investieren weniger Zeit in das Lernen
haben ein hohes Arbeitstempo, suchen aber gezielt Entspannung	haben ein niedriges bis mittleres Arbeitstempo
wählen einen Arbeitspartner nach Erfolg aus	wählen einen Arbeitspartner nach Sympathie aus
wenden erfolgreich neue Lernmethoden an	verwenden konservative Lernmethoden
suchen Ursachen für Misserfolge in Arbeitsstil und Fleiß („zu wenig angestrengt")	zweifeln bei Misserfolg die eigenen Fähigkeiten an („kann ich nicht, bin zu doof dafür")
setzen sich der Prüfungssituation aus	vermeiden die Prüfungssituation, finden Ausreden und Entschuldigungen, sind krank

■ ***Aufgabe 8***

Überprüfen Sie sich selbst auf die oben genannten Erfolg-/Misserfolgsmotivationstypen. Können Sie sich einer Gruppe zuordnen, und erkennen Sie die speziellen Charakteristika an sich wieder?

Falls Sie zu den Misserfolgsmotivierten gehören sollten, liegt es wiederum in Ihrer Hand, daran etwas zu ändern. Stellen Sie sich den Leistungs- und Prüfungssituationen, denn ausweichen können Sie ihnen ohnehin nicht. Eignen Sie sich die Sichtweisen der Erfolgsmotivierten an, dann wirft Sie ein Misserfolg nicht gleich aus der Bahn.

Von extrinsischer zu intrinsischer Motivation wechseln

Extrinsische Motivation	Intrinsische Motivation
Anerkennung	Sinn und Freude finden
Ehre/gesellschaftliches Ansehen	Selbstverwirklichung, Persönlichkeitswachstum
Geld	„Die Welt entdecken", Neugierde befriedigen
hoher beruflicher Status	wahre Werte finden

■ ***Aufgabe 9***

Versuchen Sie, Ihre ex- und intrinsischen Lernmotive im Einzelnen zu bestimmen. Die obige Liste dient dazu nur als Muster und kann beliebig erweitert werden.

Eine extrinsische Motivation ist nur dann wirklich überzeugend, wenn sie mit der intrinsischen einhergeht, d. h. die genannten extrinsischen Motive auch wirklich von innen heraus gewollt sind. Kommt keine innere Überzeugung zustande, droht das Lernen zum Erreichen dieser Ziele zum permanenten Druck und Zwang zu werden. Lernfreude und -bereitschaft sinken, anstelle von Eustress tritt Distress[1].

Ohne intrinsische Motivation wird das Lernen schnell zur Qual

Beugen Sie diesen Motivationsverlusten vor und überprüfen Sie Ihre wahren Werte und Ziele. Je höher das Ziel gesteckt ist, desto höher wird Ihr Leistungsvermögen gefordert sein. Im günstigsten Fall gelingt es Ihnen, Ihre beruflichen Ziele mit der intrinsischen Motivation abzustimmen, d. h., Sie empfinden Lernen und Arbeiten nicht als lästige Notwendigkeit zum Broterwerb, sondern als Freude und Chance zur Selbstverwirklichung. Ihr künftiger Pflegeberuf ist Teil Ihrer selbst und Ausdruck Ihrer Persönlichkeit(-sentwicklung). Dass Sie nebenbei auch noch eine wichtige gesellschaftliche Funktion ausüben, betrachten Sie als unterstützendes Beiwerk.

1.5.2 Emotion

Unweigerlich mit dem Lernerfolg verknüpft ist die Emotion beim Lernen. Emotionen entscheiden darüber, wie etwas wahrgenommen und aufgenommen wird und sie sind verantwortlich dafür, inwieweit ein Lernstoff als wichtig oder sinnvoll bewertet wird. Ist ein Lernender durch negative Emotionen beeinflusst, z.B. durch Ärger im Familien- oder Freundeskreis, kann er sich noch so anstrengen beim Lernen, er wird nicht den gewünschten Erfolg erzielen. Dies geht einher mit Kreativitätsschwund und Blockade beim Aufnehmen neuer Wissensinhalte. Physiologisch begründet sich dies in der zentralen Stellung der Amygdala innerhalb des limbischen Systems.

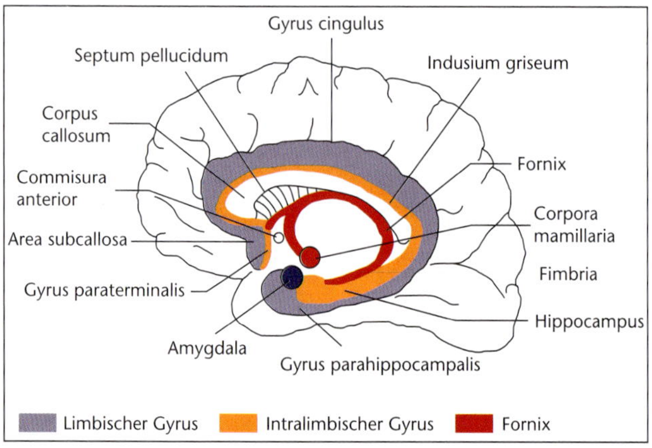

Das limbische System mit Amygdala und Hippocampus

[1] *Eustress: Stress, der als positiv empfunden wird und der sich auch positiv auf den Organismus auswirkt. Distress: Stress, der als negativ empfunden wird und negative Auswirkungen auf den Organismus hat*

***Amygdala:** Mandelkern im Kernbereich des Gehirns. Ist wesentlich an der Bewertung von und Reaktion auf negative Gefühle, insbesondere dem Angst- und Aggressionsempfinden, beteiligt.*
***Limbisches System:** Funktionseinheit des Gehirns zur Verarbeitung von Emotionen im steten Zusammenspiel mit anderen Hirnarealen. Sitzt anatomisch gesehen als doppelter Ring um die Basalganglien und ist ein geschichtlich alter Teil der Großhirnrinde. Wird auch als emotionales Machtzentrum des Gehirns bezeichnet.*
***Hippocampus:** ist u. a. für die Überführung von Erinnerungsinhalten vom Kurzzeit- in das Langzeitgedächtnis verantwortlich, liegt anatomisch im mittleren Großhirn.*

Negative Emotionen führen demzufolge über die Amygdala zu einer Aufnahmeblockade und verhindern die Überführung neu gelernter Inhalte in das Langzeitgedächtnis, indem die Aktivität des Hippocampus gehemmt wird. Stresssituationen lassen dann weder eine Neuaufnahme noch eine Reproduktion erst vor kurzem gelernter Inhalte zu.

Beispiel

Anja Britt, Auszubildende im dritten Jahr auf der Kardiologiestation im St. Johannes Krankenhaus, steht während eines Schulblocks vor der letzten Schulaufgabe. Intensiv versucht sie sich auf den Leistungsnachweis vorzubereiten. Darunter wiederum leidet ihr Lebensgefährte, der mit ihr eigentlich über das Wochenende etwas unternehmen wollte. Es kommt zu einer unerfreulichen Diskussion. Nur mit höchstem Widerwillen gelingt es Anja, den Stoff einigermaßen zu lernen. Am Montag sitzt Anja vor dem leeren Blatt ihres Leistungsnachweises. Es gelingt ihr nicht, die Lerninhalte abzurufen. „Totaler Blackout! Dabei habe ich gestern Abend noch alles gewusst!" Enttäuscht über sich fährt sie mit dem Bus nach Hause. Als während der Fahrt die Spannung etwas nachlässt, fällt ihr plötzlich alles wieder ein.

Anja hatte im obigen Beispiel doppelte Stresserfahrungen. Erst der Ärger mit ihrem Freund, dann die Stresssituation der Lernzielüberprüfung. Hier hat die Amygdala in beiden Situationen ganze Arbeit geleistet. Zum einen war die Aufnahme der Lerninhalte gehemmt, zum anderen das Abrufen unmöglich. Erst als die Belastung nachlässt, fällt der Stresshormonspiegel ab. Die Arbeit von Transmitter und Synapsen wird wieder freier, ein Abruf der Lerninhalte wird möglich.

■ ***Aufgabe 10***

Rufen Sie Ihre Lernerinnerungen ab. Zu welchen Gelegenheiten gelang Ihnen das freie und unbeschwerte Lernen und die Wiedergabe? Zu welchen Gelegenheiten waren Sie blockiert?

■ ***Aufgabe 11***

Fertigen Sie eine Liste mit lernhemmenden Emotionen und Situationen an und stellen Sie diese einer Liste mit lernfördernden Emotionen und Situationen gegenüber.

Konsequenzen

Emotionen zurückzuhalten kann nicht das Mittel der Wahl sein. Aus dem Weg gehen können Sie ihnen nicht. Vielmehr gilt es, belastende emotionale Zustände so schnell wie möglich aufzuheben und zu einem ausgeglichenen Zustand zu finden. Klären Sie also umgehend Dinge, die Sie belasten. Freunden Sie sich mit positivem Denken an, es erleichtert Ihnen das Lernen ungemein und sichert nachhaltig die Lerninhalte, sodass sie selbst in Prüfungssituationen Zugriff auf Ihren Gedächtnisspeicher haben.

2 Lerntechniken und Arbeitsmethoden

Wieder unterhalten sich Johanka Pasak und Nick Wohler aus dem Pflegeheim Großeichen über ihre Ausbildung und die Anforderungen. Demnächst steht bei Nick ein schriftlicher Leistungsnachweis an. Nick wirkt etwas gestresst und gehetzt in den letzten Tagen. Als Johanka ihn darauf anspricht, reagiert er gereizt: „Ich habe überhaupt keinen Plan mehr, was ich wann noch lernen soll. Da ist so viel Stoff zu lernen, das habe ich völlig unterschätzt!" „Ich dachte, ihr habt bei eurer Klassenleiterin so viele Tipps zum Lernen erhalten?" fragt Johanka nach. „Zum Lernen ja, aber noch nicht, wie man mit dieser Menge Stoff umgeht ..."

2.3 Zeitmanagement

Lernen in der beruflichen Bildung bedeutet auch, mithilfe eines entsprechenden Zeitmanagements den Lernstoff insbesondere für die Leistungsnachweise entsprechend zu organisieren. Die Kunst besteht darin, den Lernstoff aufzugliedern und in kleine Lernportionen aufzuteilen. Für die Bearbeitung dieser Lernportionen sind geeignete Zeiträume freizuhalten.

Zeitdruck und Chaos verursachen Lernstress

2.3.1 Lernportionierung

Wenn der Termin für einen Leistungsnachweis steht, ist in der Regel auch der Umfang des Lernstoffes bekannt. Ein Lernender tut gut daran, auch bei einer etwas ungeordneten Arbeitsweise 20 Minuten auf die Planung der Vorbereitung auf den Leistungsnachweis zu verwenden. Somit hat er stets eine Übersicht über die schon bearbeiteten und die noch ausstehenden Lerngebiete. Der Plan könnte wie folgt aussehen:

Beispiel

Hauptthema	Teilthema	Bis zum ... bearbeiten	erledigt
Chronische Erkrankungen			
Herz-Kreislaufsystem	Herz-Kreislauf-System (Überblick Anatomie und Physiologie)	20.1.	✓
	Erkrankungen der Herzkranzgefäße (KHK, Infarkt)	24.1.	✓
	Erkrankungen des Herzmuskels (Links- und Rechtsherzinsuffizienz, Myokarditis)	29.1.	
	Erkrankungen der Herzklappen	4.2.	
	Wiederholung	7.2.	

Diese Form der Planung hat nicht nur das klare Zeitmanagement als positiven Effekt, sie kann auch weitere Leistungsnachweise in anderen Lernfeldern berücksichtigen und verhindert damit die einseitig geistige Überschwemmung. Denn je mehr von einem bestimmten Lernstoff in einer Lerneinheit auf das Gehirn trifft, umso weniger gelingt die Zuordnung. Es ist also nicht immer sinnvoll, sich stets lerntechnisch auf nur ein Lerngebiet zu konzentrieren und danach ein anderes zu bearbeiten. Besser arbeitet man je Lerneinheit (z. B. zwei Stunden pro Abend) mehrere kleinere Portionen aus verschiedenen Lerngebieten ab. Der Hintergrund liegt in den bereits oben beschriebenen kognitiv-emotionalen Lernpräferenzen. Mal sagt jemandem ein Lerngebiet mehr zu, mal weniger. Wenn Sie also beim Thema Herzerkrankungen emotional blockiert sind, weil diese Ihnen auch vom Interesse her nicht so zusagen, widmen Sie sich einem anderen Lerngebiet, das Ihren Neigungen besser entgegenkommt. Ihr Lernerfolg wird es zeigen.

Die beste Planung ist sinnlos, wenn sie nicht eingehalten wird.

Üben Sie sich aber bitte in der Lerndisziplin. Auch die besten und modernsten Lernmethoden können Ihnen die Arbeit nicht abnehmen, sondern Sie nur in der Effektivität unterstützen.

2.3.2 Pausen planen

Einen weiteren Aspekt dürfen Sie nicht aus den Augen verlieren: Pausen. Pausen verhindern die Reizüberflutung und ermöglichen dem Gehirn die Nachbearbeitung des vorher Gelernten. Neuronale Verknüpfungen entstehen nicht unmittelbar während des Lernvorganges, sondern bilden sich in den Phasen der Erholung aus. Dabei legt das Gehirn das Gelernte zunächst im Zwischenspeicher Kurzzeitgedächtnis ab und transportiert es nach ausgebildeter Verknüpfung zum Endspeicher Langzeitgedächtnis. Wer seinem Gehirn keine Pause gönnt, läuft Gefahr, seinen „Arbeitsspeicher“ zu überlasten. Dadurch kommt es erst recht zur Lernblockade. Pausen muss jeder Lernende für sich selbst bestimmen, denn Lernen gestaltet sich so individuell, dass hierzu keine Regeln mit Allgemeingültigkeit abgeleitet werden können. Während manche Lernende nach 30 Minuten erste geistige Erschöpfungen zeigen, halten andere bis zu mehreren Stunden am Stück durch.

Ein Muss beim Zeitmanagement: Pausen planen

Dennoch gilt ein Grundsatz:

Je länger die Lerneinheit, desto länger auch die Pause. Setzen Sie mindestens 20 Minuten an.

Man kennt die Pausennotwenigkeit aus dem Sport. Auch Fußballspieler können nicht ohne die Halbzeitpause durchspielen.

Verbringen Sie Pausen sinnlos! Dadurch werden sie sinnvoll.

Sinnlosigkeit im strengen Zeitplan? Genau dadurch aber genehmigen Sie sich und Ihrem Gehirn die Auszeit. Wer in einer Pseudo-Lernpause wieder anstrengenden geistigen oder körperlichen Tätigkeiten nachgeht, läuft dem Pausensinn zuwider. Natürlich tut Bewegung gut und hat auch in Pausen ihre Berechtigung – aber sie darf nicht wieder zur körperlichen Erschöpfung führen. Halten Sie Maß. 20 Minuten Jogging o. ä. sind sogar lernförderlich, wenn sie aber für den nächsten Stadtmarathon trainieren ... Natürlich dürfen Sie auch scheinbar Sinnvolles unternehmen, nur anstrengen darf es nicht.

2.3.3 Die Eisenhower-Methode

Der amerikanische General Dwight D. Eisenhower litt scheinbar unter der Arbeitsdichte, die ihn zu überfordern drohte. Er entwickelte daher die Eisenhower-Methode, auch bekannt als modifizierte ABC-Analyse. Demnach gibt es wichtige und unwichtige Angelegenheiten, die aber auch dringlich oder weniger dringlich sind. Unwichtiges und wenig Dringliches (D) wandert entweder in den Papierkorb oder wird delegiert, bzw. ganz nach hinten geschoben. Wichtiges und Dringliches (A) steht in der Rangliste der abzuhandelnden Tätigkeiten ganz oben.

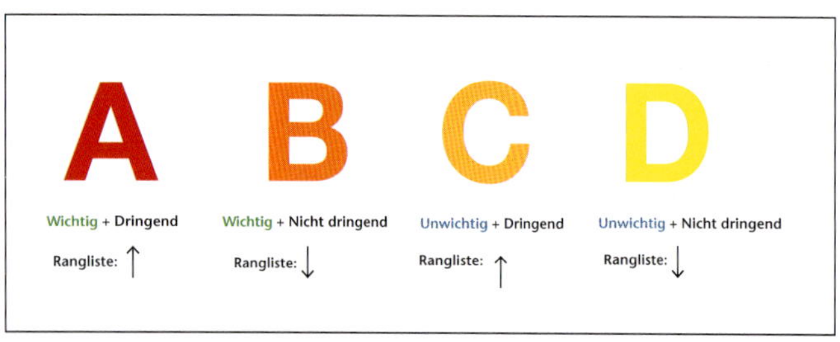

Dwight D. Eisenhower entwickelte die ABC-Analyse

Beispiel

Aufgabe: Leistungsnachweis Herz-Kreislauf-Erkrankungen		Datum: 8.2.
	Dringend	**Nicht dringend**
Wichtig	**A** – Zeitplan erstellen – Lernen: Anatomie und Physiologie – Lernen: Herzkranzgefäßerkr. – Lernen: Herzmuskelerkr. – Lernen: Herzklappenfehler	**B** Leistungsnachweis in Lernfeld Altenpflege als Beruf am 18.2.
Unwichtig	**C** Einkaufen gehen – Papa bitten	**D** – Auto zum TÜV bringen – hat Zeit bis Ende Februar – Eislaufen mit Johannes

Kopiervorlage
Mithilfe dieser Matrix setzen Sie Ihre ganz persönlichen Prioritäten, wenn es scheinbar beruflich und privat wieder großen Termindruck gibt. Lernen Sie auch, bei unwichtigen Angelegenheiten Nein zu sagen. Jeder wird Verständnis dafür aufbringen, wenn Sie ihm sachlich erläutern, dass Sie die Zeit zum Erreichen Ihrer Lernziele benötigen.

Aufgabe:		Datum
	Dringend	**Nicht dringend**
Wichtig	**A**	**B**
Unwichtig	**C**	**D**

2.3.4 Die ALPEN-Methode

Die Alpen: Nicht nur ein Gebirge sondern auch Methode des Zeitmanagements

Ein weiteres geeignetes Instrument zum Umgang mit der immer zu knappen Lernzeit steht Ihnen mit der ALPEN-Methode zur Verfügung. Mit dieser Zeitstrategie können Sie Tages-, Wochen- oder Monatsabschnitte organisieren:

A	ktivitäten und Aufgaben notieren: Erstellen Sie einen Überblick über die anstehenden Aufgaben.
L	änge der Zeitdauer abschätzen: Schätzen Sie den Zeitbedarf realistisch ein.
P	ufferzeiten einplanen: Etwa 40 % des oben eingeschätzten Zeitbedarfs schlagen Sie dem Zeitbedarf zu. Wenn Sie insgesamt also 10 Stunden Lernen über mehrere Tage verteilt eingeplant haben, gehen Sie nunmehr von 14 Stunden aus. Es kommt immer etwas dazwischen …
E	ntscheidungen über Weglassen, Prioritäten setzen: Möglicherweise beherrschen Sie beim Thema Herzerkrankungen die Herzkranzgefäße ganz gut, während Sie mit den Herzmuskelerkrankungen noch Probleme haben. Kürzen Sie daher die Zeit für Herzkranzgefäße und verlängern Sie die Zeit für Herzmuskelerkrankungen.
N	achkontrolle: Überprüfen Sie mit einem Soll-Ist-Vergleich, wie weit Sie gekommen sind. Unerledigtes wird beim nächsten Termin gleich zu Beginn nachgeholt.

Beispiel

Beispiel einer ALPEN-Planung am 1.2.:	
A	Leistungsnachweis Herzerkrankungen 8.2. Kurzarbeit Berufskunde 18.2. Auto im Februar zum TÜV bringen
L	Leistungsnachweis Herzerkrankungen ca. 8 Std. → 4 x 2 Std. Kurzarbeit Berufskunde ca. 6 Std. ⊠ 3 x 2 Std. Auto zum TÜV ca. 2 Std. → Nachmittagstermin
P	Leistungsnachweis Herzerkrankungen ca. 6 x 2 Std. Kurzarbeit Berufskunde ca. 3 x 2,75 Std. Auto zum TÜV, Nachmittagstermin ca. 3 Std.
E	Erst Herzerkrankungen lernen: 2.–7.2. jeweils von 18:00 bis 20:00 Uhr – 2.2. Anatomie/Physiologie – 3.2. Herzkranzgefäße – 4.2. und 05.02. Herzmuskelerkrankungen – 6.2. Herzklappenfehler – 7.2. Wiederholungen Berufskunde: 15.–17.2. jeweils von 18:00 – 20:45 Uhr Auto zum TÜV: am 2.2. Termin zwischen 9.2. und 14.2. vereinbaren
N	3.2.: Herzkranzgefäße noch etwas lückenhaft, am 7.2. unbedingt wiederholen TÜV-Termin zum 11.2. um 16:00 Uhr vereinbart

Die zeitliche Organisation Ihrer wertvollen Studienzeiten befreit Sie vom Lerndruck. Wenn Sie sich dieses Zeitmanagement bereits in der Ausbildung angewöhnen, sind Sie später prädestiniert zur Übernahme wichtiger Managementaufgaben in der Pflege.

■ *Aufgabe 12*

Erstellen Sie einen persönlichen Plan für den nächsten Leistungsnachweis, für den Sie sich noch nicht vorbereitet haben. Wählen Sie dafür eine Zeitmanagement-Methode aus den oben vorgeschlagenen.

2.4 Die Arbeitsplatzorganisation

Nur kleine Geister halten Ordnung – ein Genie überblickt das Chaos!

Quelle: Einstein, Albert (o. J.)

Man mag lächeln über diesen Ausspruch, doch in der Tat benötigen besonders manch kreative Menschen ein gewisses Maß an Unordnung an ihrem Lern- oder Arbeitsplatz, um ihrer Kreativität freien Lauf lassen zu können. Ordnungsliebe ist eine Domäne der linken Hirnhälfte (Yang), die unter vielen anderen rationellen Elementen ebenso logisches Denken und Verstehen sowie die Kognitivität beinhaltet. Die rechte Hirnhälfte folgt der chinesischen Weisheit zufolge dem Yin-Prinzip, hier sind die Spontaneität, die Affektivität und das emotionale Denken verfestigt. Unabhängig vom Yin-Yang-Prinzip wurden die unterschiedlichen Hirnanlagen auch in Studien belegt.

Yin und Yang: Zwei Gegenspieler, die sich gemeinsam ganzheitlich ergänzen wie die linke und die rechte Hirnhälfte

Für die Bewältigung des Lernalltages sind den Annahmen des kognitiv-emotionalen Lernens zufolge also beide Hirnhälften in möglichst gleich großen Anteilen zu aktivieren.

Daraus kann der Schluss gezogen werden, dass sowohl ein chaotisch Lernender mehr Ordnung in das Lernverhalten bringen müsste, als auch der pedantisch-genaue Lernende ruhig etwas mehr Chaos am Schreibtisch zulassen dürfte. Vor diesem Hintergrund fällt es hier schwer, all jenen in der Fachliteratur gut gemeinten Ratschlägen für einen sauberen und ordentlich aufgeräumten Lern- bzw. Arbeitsplatz zu folgen. Diese Ratschläge können sich je nach Anlage des Lernenden auch durchaus ins Gegenteil umkehren: der Lernende fühlt sich am Schreibtisch unwohl und blockiert, weil die Situation nicht seinem Naturell entspricht. Wie weit derartige Ordnungsvorgaben führen können, hat man bis in die 1970er Jahre hinein in der Schulpädagogik erlebt, als man aus Linkshändern unter Zwang Rechtshänder machte.

2.4.1 Empfehlungen zur Arbeitsplatzorganisation

Finden Sie heraus, wer und wie Sie sind und organisieren Sie sich danach.

■ *Aufgabe 13*

Überprüfen Sie sich selbst anhand der Abbildung. Sie zeigt unterschiedliche Hirnhemisphären und deren Schwerpunkte. Gehen Sie die Listen links und rechts durch. Jede beschriebene Aktivität oder Eigenschaft der jeweiligen Hemisphäre, die Ihnen zusagt oder leicht fällt, vermerken Sie mit einem Plus-Zeichen. Jede Aktivität oder Eigenschaft, die Ihnen schwerer fällt oder zu der Sie weniger neigen, vermerken Sie mit einem Minus-Zeichen. (Je nachdem, wo Sie nun mehr

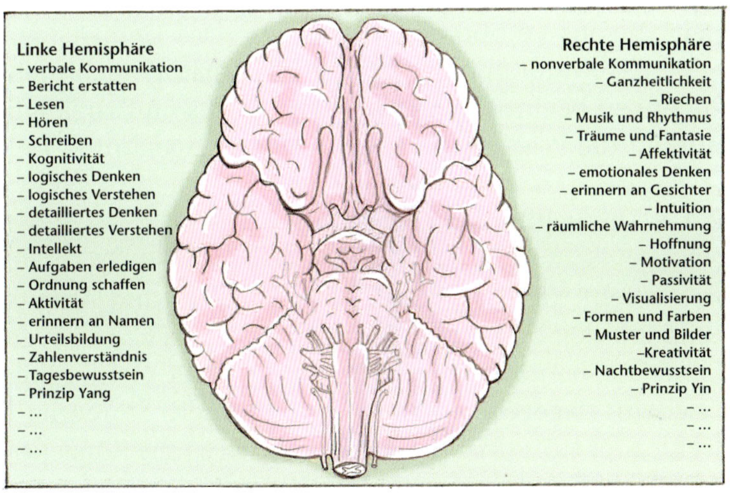

Vorrangige Aktivitäten und Leistungen der linken und rechten Hemisphäre (nach: Knöferl/Ital, 1998)

Plus-Zeichen gesetzt haben, neigen Sie zum Yin- = rechtshirnpriorisiert oder zum Yang-Typ = linkshirnpriorisiert.)

- Empfehlung für den Rechtshirn-Typ (Yang): Lassen Sie der Kreativität dann freien Lauf, wenn der Lernstoff auch Kreativität zulässt (z. B. in Fragen der Psychologie oder der Kommunikation). Handelt es sich beim Lernstoff um sehr viele kognitive Inhalte (z. B. Anatomie/Physiologie) bemühen Sie sich doch einmal um Ordnung auf der rechten Seite des Schreibtisches, damit aktivieren Sie Ihre sonst vernachlässigte linke Hirnhälfte und gelangen vielleicht eher an die kognitiven Lerninhalte heran.
- Empfehlung für den Linkshirn-Typ (Yin): Behalten Sie ruhig Ihre Ordnungsliebe bei, befreien Sie sich aber von Zwängen, wenn Sie merken, dass Sie z. B. Stifte genau in Linie ausrichten, Bücher auf Kanten stapeln usw. Lassen Sie auf der linken Seite des Schreibtisches aber auch einmal ein wenig Unordnung zu.
- Empfehlung für Linkshänder: Aktivieren Sie die linke Gehirnhälfte, indem Sie die Bücher o. a. auch einmal auf die rechte Seite des Schreibtisches legen; blättern Sie mit der rechten Hand um, benutzen Sie den Textmarker mit rechts etc.
- Empfehlungen für Rechtshänder: Aktivieren Sie die rechte Gehirnhälfte, indem Sie die Lernmaterialien ausnahmsweise auf die linke Seite legen und mit der linken Hand umblättern und andere Aktionen vollziehen.

Hintergrund
Vergleichen Sie dieses Phänomen mit einem Schlaganfallbetroffenen: Der Schlaganfall ereignet sich in der linken Hirnhälfte, der Patient ist rechtsseitig im Körper beeinträchtigt.

Durch eine diagonale Betrachtungs- und Handlungsweise (links die Handlung, rechtshirnseitig gesteuert und umgekehrt) wird die weniger dominante Hirnhälfte mehr beansprucht. Dadurch findet mehr Aktivität in den vernachlässigten Hirnarealen statt. In der Lernpraxis führt dies – zumeist völlig unbemerkt – zu anderen Sichtweisen eines Lernstoffes (z. B. Anatomie wird plastischer und vorstellbarer; rechtliche Themen erhalten aus ihrer „Trockenheit" heraus emotionale Züge usw.). Das Gehirn wird zu mehr Gedanken-Assoziationen verleitet, wodurch man über einen Lernstoff auch mehrschichtig und ganzheitlicher nachzudenken beginnt. Ein Lernthema wird somit zugänglicher und verstehbarer und ist nicht nur auf die Wiedergabe einer auswendig gelernten Definition beschränkt.

2.4.2 Umweltbedingungen

Es versteht sich von selbst, dass die Lern- und Arbeitsplatzorganisation auch die Ausstattung mit den benötigten Lernmaterialien, PC, Lichtverhältnissen, Raumtemperatur, Raumklima etc. berücksichtigt. Darauf muss hier nicht näher eingegangen werden. Fragwürdiger erscheint dagegen die Musik beim Lernen. Störender Lärm sollte auf alle Fälle vermieden werden, er stört unabhängig vom Lerntyp die Konzentration. TV und Radio sind als Begleitmusik ebenso ungeeignet. Durch den Wechsel von Reizen (Musik – Verkehrsmitteilungen – Nachrichten etc.) wird der Lernende permanent abgelenkt.

Manche können mit Musik besser lernen

Als unschädlich hingegen erweist sich Musik, gerne auch die vertraute Lieblingsmusik. Selbst Rockmusik stört nicht, wenn sie Zimmerlautstärke nicht überschreitet und dem Lernenden bekannt ist. Grundsätzlich gilt: Vertraute Musik ist in Ordnung, unvertraute Musik (z. B. die neueste CD oder MP3-Sammlung von der Freundin) muss das Gehirn erst verarbeiten, diese sollte daher nicht während des Lernens gehört werden.

2.5 Gehirngerechtes Lernen

Der Begriff gehirngerechtes Lernen sorgt zwischen den Wissenschaftsdisziplinen für Uneinigkeit. Die Neurobiologen gehen nicht unbedingt davon aus, dass man gehirngerecht lernen kann. Sie machen Lernen abhängig von der altersgemäßen Entwicklung und den intakten physiologischen Strukturen. Demgegenüber verfechten moderne Pädagogen und Psychologen den gehirngerechten Lernansatz mit dem Argument, der Mensch habe eine exponierte Stellung unter den Lebewesen aufgrund seiner besonderen evolutionären Gehirnentwicklung. Also müsse er auch menschenhirngerecht lernen dürfen.

Fakt ist: Je weiter der Mensch im Alter fortgeschritten ist, umso komplexer werden die Lernanforderungen. Ein Kleinkind kann noch gut mit operantem Konditionieren und Belohnung oder Strafe (vgl. Abschnitt Lerntheorien) erzogen werden, ein junger Erwachsener wird diese Methodik hinterfragen und beginnt aufmüpfig zu werden. Auch der Schulalltag hat teils ein noch sehr begrenztes pädagogisches Instrument in Form der Notenvergabe. Gute Noten bedeutet Belohung, schlechte Note heißt Bestrafung. Schule und Ausbildung haben neben dem Bildungsauftrag jedoch auch den Auftrag der Persönlichkeitsentwicklung und Sozialisation. Dies wird nicht durch verkopften Unterricht und das verkopfte Lernen erreicht, sondern indem man das Gehirn als Ganzes herausfordert und es immer wieder zu Assoziationen verleitet.

2.5.1 Grundlagen gehirngerechten Lernens

Alle Wahrnehmungskanäle aktivieren

Versuchen Sie beim Lernen, Ihre Wahrnehmung auf allen möglichen Kanälen zu aktivieren. Sicher stellen Sie jetzt die Frage, wie Sie Riechen und Schmecken beim Lernen aktivieren sollen. Natürlich können Sie das Lehrbuch nicht geschmacklich testen, aber Sie können sich angewöhnen, beim Lernen beispielsweise einen frischen Apfel oder anderes Obst zu sich zu nehmen. Gerne auch Schokolade oder andere Gaumenfreuden, aber achten Sie auf die Kalorien und die allgemeinen Ernährungstipps. Für die anderen Wahrnehmungskanäle gilt:

Die Behaltungsleistung eines Lernstoffes steigert sich bis zu 90 % des Lernstoffs, wenn Sie möglichst viele Sinne nutzen, umsetzen und auch Ihre Motorik einsetzen.

Wahrnehmung und Aktivität	Behaltensleistung
Lernstoff nur lesen	ca. 10 %
Lernstoff nur hören	ca. 20 %
Lernstoff visualisieren (in Bildern ansehen)	ca. 30 %
Lernstoff hören und sehen	ca. 40 %
Lernstoff hören, sehen, selbst formulieren und niederschreiben	ca. 60 %
Lernstoff hören, sehen, selbst formulieren, niederschreiben und mit anderen diskutieren	ca. 70 %
Lernstoff hören, sehen, niederschreiben und selbst ausführen	ca. 90 %

Quelle: Lerntechniken, in: Altenpflege in Lernfeldern, Stuttgart, Thieme, 2008, S. 892

In Anlehnung an die obige Tabelle sollten Sie als Lernender nun selbst erkennen, dass das Auswendiglernen aus Skripten oder Büchern nur geringen Erfolg verspricht.

Beispiel

Seit es Schule und Leistungsnachweise gibt, können Pädagogen generationsübergreifend unmittelbar vor Prüfungssituationen folgende Situation auch noch im High-Tech-Zeitalter beobachten: Schüler sitzen noch bis 5 Minuten vor der Prüfung auf der Treppe und versuchen angestrengt, die Definition eines Begriffes, der mit ziemlicher Sicherheit von einem konservativen Lehrer abgefragt wird, doch noch der Gehirnstruktur einzuverleiben. Verzweiflung spiegelt sich in ihren Gesichtern, denn „gestern wusste ich es ja noch!“.

Wenn Sie nicht um die geforderte Definition (oder andere verkopfte Lerninformationen) herumkommen, versuchen Sie folgende Tricks:

- Lesen Sie die Lerninformation nicht öfter als zwei- bis dreimal still durch.
- Lesen Sie die Lerninformation zweimal laut vor. Beim zweiten Mal aktivieren Sie den Voice-Recorder in Ihrem Handy (über den es sicher verfügt, heißt manchmal auch Sprachmemo) und zeichnen Sie die laut vorgesagte Definition auf.
- Spielen Sie die Sprachmemo auf Ihrem Handy zwei- bis dreimal ab und hören Sie sich gut zu.
- Visualisieren Sie die Informationen, stellen Sie sich die Begriffe als Bilder oder Gegenstände vor. Übersteigen die Begrifflichkeiten Ihr Vorstellungsvermögen, bemühen Sie eine Suchmaschine im Internet, um ein Bild zu erhalten. Falls auch dies nicht zum Ergebnis führt, beachten Sie Schritt 6. Versuchen Sie grundsätzlich immer, in Bildern zu denken oder Begriffe mit Bildern zu besetzen. So aktivieren Sie die rechte Hemisphäre.
- Versuchen Sie nicht, jetzt die Lerninformation wortgetreu aufzusagen, sondern formulieren Sie sie mit eigenen Worten.
- Schreiben Sie die Informationen auf. Je nach Vorlieben auch erst mit dem Originaltext, auf jeden Fall dann mit Ihren eigenen Worten. Im Rückgriff auf Schritt 4 können Sie die Informationen als Plakat(e) an die Wand hängen und im Sinne eines Ausstellungsbesuches von Plakat zu Plakat wandern und im Gehen den Inhalt studieren. Alternativ können Sie die mit entsprechend großer Schrift beschriebenen Blätter auch als Bodenzeitung auslegen und darüber wandern. Sprechen Sie dabei Ihren Text wieder laut vor. Beachten Sie auch Punkt 9.

- Tauschen Sie sich über die Lerninformation mit Ihrer/n Mitschüler/innen aus. Diskutieren Sie den Lerninhalt.
- Falls der Lerninhalt auch praktischer Natur ist, probieren Sie die Handlung aus (z. B. eine atemstimulierende Einreibung beim Partner oder Mitschüler).
- Falls es rein theoretischer Lernstoff ist, den Sie nicht mit Ihren eigenen Händen „begreifen" oder in einer Handlung ausprobieren können, bringen Sie ab Schritt 6, wo immer möglich, Bewegung ins Spiel. Gehen Sie durch Ihre mit Bodenzeitung ausgelegte Wohnung oder marschieren Sie im Zimmer an der Wandzeitung auf und ab. Immer, wenn Sie in Bewegung sind, aktiviert das Gehirn weitere Areale, was wiederum die Durchblutung und den Hirnstoffwechsel fördert.

Wenn Sie der Meinung sind, das dauert alles zu lange, dann messen Sie doch einmal die Zeit, die Sie sitzend vor einem Buch verbringen, bis Sie den Lernstoff wirklich beherrschen. Sie werden überrascht sein.

Dieses vielleicht merkwürdige Lernverhalten macht Ihren Lernstoff erst merk-würdig!

Beispiel

Einer etwas eitlen jungen Altenpflegeschülerin fiel der Umgang mit den medizinischen Fachbegriffen sehr schwer. Im Unterricht zum Thema Lernen lernen fragte sie mich, was sie denn da tun könne. Ich empfahl ihr, die schwierigen Begriffe mit Lippenstift auf ihre Spiegel zu Hause zu schreiben, denn jeder Mensch, der einen Spiegel sieht, blickt auch hinein. In der Tat gestand sie mir am Ende der Ausbildung, dass sie sich die Begriffe fortan leichter merken konnte.

Auch mit Notizzetteln am Spiegel kann man Fachbegriffe lernen

2.5.2 Lernstoffstrukturierung mit einer Mindmap®

Eine Mindmap (wörtlich übersetzt: Gedankenlandkarte) kann als Strukturdiagramm bezeichnet werden. Sie strukturiert Informationen nicht etwa streng geordnet, sondern kann je nach Ausführung auch einen sehr chaotischen Eindruck erwecken.
Mindmaps sind vielseitig einsetzbar:

- beim Aufzeichnen und der Nachbearbeitung von Unterricht,
- als Vorbereitung auf Vorträge, Präsentationen und Prüfungen
- als Strukturierung eines umfangreichen Lernstoffes von der Übersicht bis ins Detail
- als Brainstorming-Methode zum Sammeln von Besprechungsinhalten.

Die Idee der Mindmaps stammt von Tony Buzan, einem britischen Mentaltrainer und Erziehungsberater. Er entwickelte seine Idee bereits Ende der 1960er-Jahre und beruft sich bei der Anwendung der Mindmaps auf die vernetzte Hirnstruktur. Analog zum Aufbau des Gehirns entfaltet eine Mindmap sich nicht linear, sondern zirkular-global nach allen Richtungen und baut Vernetzungen und Fortsätze auf. Eine Unterrichtsmitschrift macht so beispielsweise den Aufbau der einzelnen Themen inklusive der Untergliederungspunkte sehr deutlich und vor allem leicht nachvollziehbar. Der Vorteil liegt in der Unkompliziertheit und der Möglichkeit, verschiedene Visualisierungen einzufügen. Damit gilt die Mindmap als gehirngerecht.

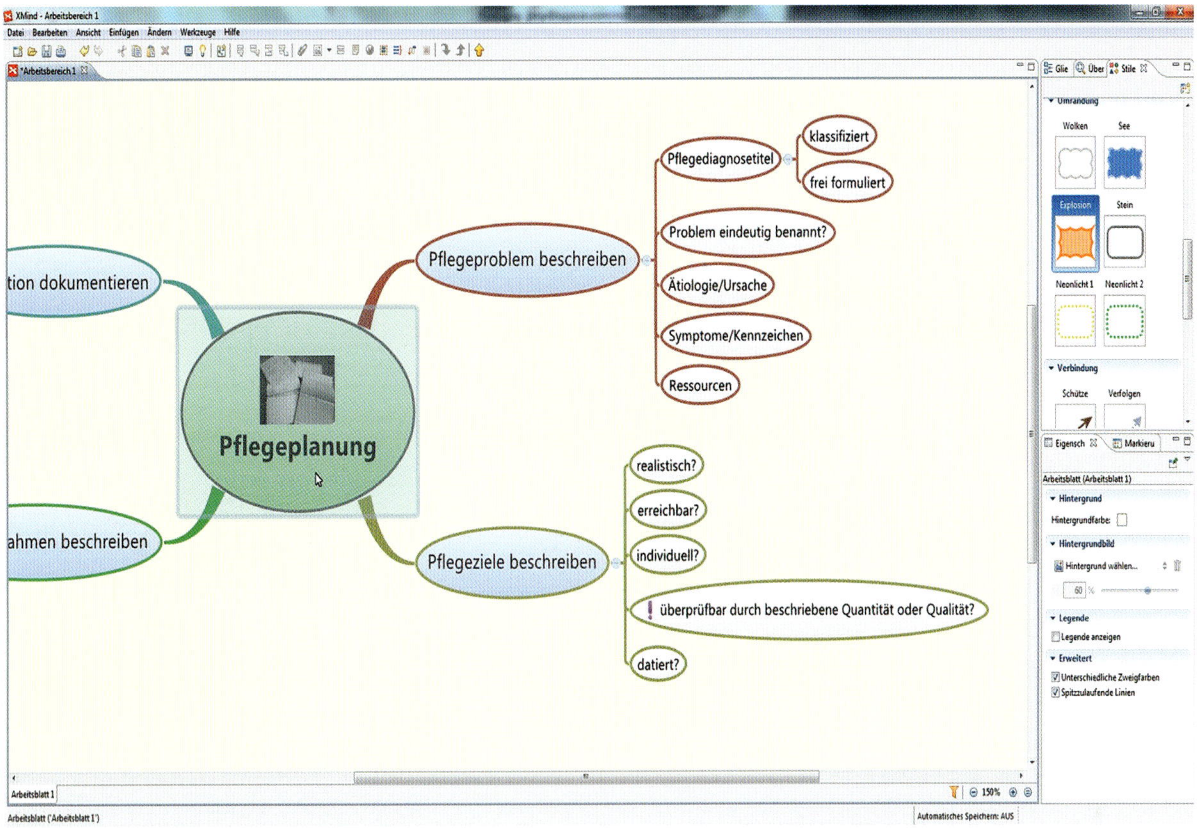

Mindmap

Die Erstellung einer Mindmap ist gewöhnungsbedürftig. Lernende mit Neigung zur Rechtshirnnutzung tun sich in der Regel leichter als jene, die hauptsächlich auf ihre linke Hemisphäre zurückgreifen.

Doch Umlernen lohnt sich:
- Zeitersparnis gegenüber tabellarischen oder linearen Aufzeichnungen: 50–90 %
- Visualisierungen ermöglichen dem Gehirn die schnellere und sichere Abspeicherung.
- Der freie Gedankenfluss und damit das assoziative Denken wird gefördert.
- Die Gedächtnisleistung steigt sprunghaft an.

Erstellung und Aufbau einer Mindmap
Betrachten Sie die abgebildete Mindmap zur Pflegeplanung.

- In die Mitte wird das Hauptthema platziert. (Hier: Pflegeplanung)
- Von der Mitte zweigen sogenannte Hauptäste ab, die die wichtigsten Punkte zum Hauptthema liefern. (Hier im Uhrzeigersinn: Pflegeproblem beschreiben – Pflegeziele beschreiben – Maßnahmen beschreiben – Evaluation dokumentieren)
- Auf der dritten Ebene werden die Begriffe der Hauptäste nochmals präzisiert und mit Unterpunkten versehen.
- Je nach Belieben kann (bzw. sollte) die Mindmap mit kleinen Zeichnungen oder Symbolen zusätzlich visualisiert werden. Dies erhöht nicht nur die Kreativität, es erleichtert auch die emotionale Lernebene.
- Wem die drei Ebenen noch nicht ausreichen, der kann die Mindmap beliebig um weitere tiefere Äste erweitern oder mit einem der hier gezeigten Hauptpunkte eine eigene Mindmap erstellen

Sicher können Sie die Inhalte dieser oder anderer Themen auch tabellarisch oder als Gliederungspunkte im Dezimalsystem und mit Spiegelstrichen o. ä. darstellen. Damit werden die Inhalte jedoch wieder rationalisiert, d. h., der gleiche Lerninhalt gelangt vorwiegend in den Leistungsbereich der linken Gehirnhälfte und fördert vorwiegend das kognitive Lernen.

■ *Aufgabe 14*

Erstellen Sie eine Mindmap zum aktuellen Unterrichtsthema des pflegepraktischen Fachbereichs. (Beispiel: Körperpflege)

■ *Aufgabe 15*

Legen Sie zusammen mit einem Partner irgendein tagesaktuelles Thema fest. Nun lassen Sie – jeweils jeder für sich – alle Gedanken, die Ihnen zu diesem Thema einfallen, in einer Mindmap zusammenfließen. Es gibt hier kein richtig oder falsch, zeichnen Sie, malen Sie … Vergleichen Sie nach 15 Minuten Ihre Aufzeichnungen und versuchen Sie, Ihrem Partner mithilfe dieser Mindmap Ihre Meinung zum Thema zu verdeutlichen. (Sie werden feststellen, dass Sie noch nie ein Referat in so kurzer Zeit vorbereitet haben.)

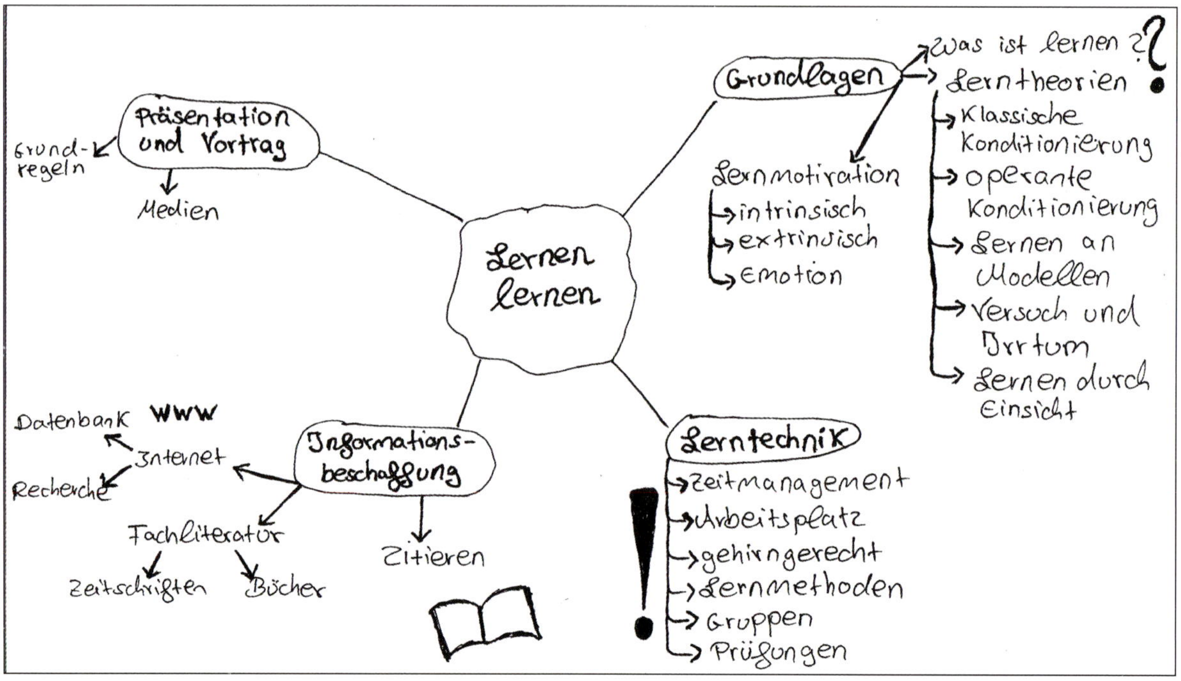

Von Hand erstellte Mindmap

Die Abbildung auf der vorigen Seite zeigt eine mit einem PC-Programm erstellte Mindmap. Der eigentliche Nutzen offenbart sich jedoch vorrangig in der handschriftlichen Erstellung, da dies viel schneller vonstatten geht und spontaner erfolgt. Soll die Mindmap zu Präsentationszwecken o. ä. öffentlich gemacht werden, dann macht die Reinschrift über eine geeignete Software Sinn. Einfache Versionen sind als Freeware erhältlich, s. u.

Literaturtipp:

- Birkenbihl[1], Vera F.: Trotzdem lernen, Gabal: Offenbach, 2004

[1] *Vera F. Birkenbihl ist eine Verfechterin des entdeckenden und an Neuromechanismen orientierten Lernens, gibt hier und in ihren weiteren Werken viele alternative Lerntipps.*

Softwaretipp: Freemind

- Freemind ist ein einfaches kostenloses Tool zum Erstellen von Mindmaps. Download möglich unter: http://www.netzwelt.de/download/4303-freemind.html
  Falls der Link nicht funktioniert, geben Sie bei Google den Suchbegriff „Freemind" ein. Sie finden hin.
- Schulen erhalten übrigens auch kostenlose Versionen der Software MindManager unter http://www.schule.comunetix.de/mindjet/

2.6 Weitere Lernmethoden

Im Folgenden lernen Sie weitere Methoden kennen, um Lernstoff „anders" in den Langzeitspeicher zu überführen, als nur über Aufzeichnungen und Büchern zu sitzen und auswendig zu lernen.

Nicht die Anwendung einzelner Methoden allein ist dabei ausschlaggebend für den Lernerfolg, sondern das Zusammenspiel von äußeren Lernbedingungen, der intrinsischen Motivation, der positiven Emotion und den gehirngerechten Angeboten.

2.6.1 Gedächtnistechniken

Bei den Gedächtnistechniken spricht man von Mnemotechnik (griech.), was so viel wie Gedächtniskunst bedeutet. Da die alten griechischen Rhetoriker noch nicht über Stift und Papier verfügten, mussten sie ihre Reden im Voraus so im Gedächtnis verankern, dass sie bei Bedarf wieder abrufbar waren. Dazu bedienten sie sich verschiedener Techniken.

Eselsbrücken

Eselsbrücken sind Reime, Verse oder Wortkombinationen, die durch ihre Rhythmik oder ihren Witz im Gehirn haften bleiben. Etliche Generationen von Schülern bedienen sich seither erfolgreich dieser Technik.

Beispiel

Eine sehr bekannte Eselsbrücke gibt es beispielsweise zum Lernen der Handwurzelknochen Kahnbein, Mondbein, Dreiecksbein, Erbsenbein, großes Vieleckbein, kleines Vieleckbein, Kopfbein und Hakenbein:

Ein Kahn, *der fährt im Mondenschein im Dreieck um das Erbsenbein. Vieleck groß, Vieleck klein, der* Kopf, *der muss beim* Haken *sein.*

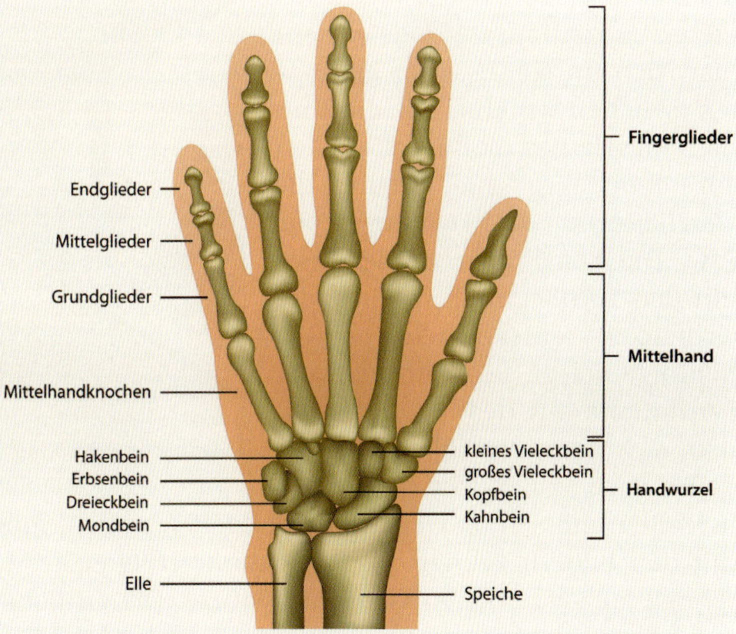

Anatomie der Hand

Bauen Sie sich also Eselsbrücken, wenn Ihnen die Begriffe mal wieder nicht von der Hand gehen. Es kommt nur darauf an, dass Begriffe gemerkt werden, deshalb muss ein diesbezüglicher Reim keinen Sinn ergeben.

> ***Beispiel***
> *Frage: Welche Hautpflege-Emulsion ist für die Altershaut schädlich, W/O (Wasser in Öl) oder O/W (Öl in Wasser)?* (Antwort: O/W (denn O/W = oh weh!)

Kettenmethode

Die Kettenmethode ist eine Möglichkeit, Begriffe in einer bestimmten Reihenfolge zu behalten. Dazu wird eine kleine Geschichte erfunden, in welcher die Begriffe der Reihe nach vorkommen. Auch hier heiligt der Zweck die Mittel, einen Sinn muss man in der Geschichte nicht erkennen!

> ***Beispiel***
> *Die sechs Schritte des Pflegeprozesses:*
> 1. *Informationen sammeln*
> 2. *Probleme und Ressourcen erkennen/Pflegediagnose stellen*
> 3. *Pflegeziele vereinbaren*
> 4. *Pflegemaßnahmen planen*
> 5. *Pflegemaßnahmen durchführen*
> 6. *Pflegeziele kontrollieren*
>
> *Ich ging mit Bauchweh zum Arzt. Der sammelte Informationen über mich und erkannte schnell meine Probleme. „Wo willst du hin?", fragte er mich, als ich ohne Ziel in seiner Praxis umherging. „Ich habe keinen Plan!" antwortete ich. „Dann setz dich als erste Maßnahme mal hin, ich werde deinen Blutdruck kontrollieren."*

Loci-Methode

Die Loci-Methode stammt vom lateinischen Wort Locus = Ort. Bei dieser Assoziationsmethode bedient man sich im Geiste einer bekannten örtlichen Struktur, z. B. die Zimmer eines Hauses, die Bushaltestellen auf dem Weg zur Arbeit, die Geschäfte in der Fußgängerzone usw. Die Lokalitäten werden nun mit den Lernbegriffen in einer der Örtlichkeit entsprechenden Reihenfolge belegt. Beim Abrufen der Lerninhalte aus dem Gehirn stellt man sich dann die Lokalitäten der Reihe nach vor. Wichtig: Die Örtlichkeiten müssen im Geiste gut bebildert sein, d. h. möglichst viele Details enthalten. Erst mit den Bildern gelingt die Assoziation erfolgreich. Mit nur wenig Übung gelangt man schnell zur dauerhaften Gedächtnisstütze. Die Örtlichkeiten können auch immer wieder neu besetzt werden.

Lokalitäten werden mit Lernbegriffen in einer der Örtlichkeit entsprechenden Reihenfolge belegt.

Die eigene Küche kann als Gedächtnisstütze in der Loci-Methode dienen

Beispiel

Sie bereiten sich auf einen Leistungsnachweis in der Pflege-Praxis vor. Möglichst schnell sollen Sie alle benötigten Materialien für die Katheterisierung bereitstellen können.

Sie benutzen als gedanklichen „Locus" beispielsweise Ihre eigene Küche:

- *Das Händedesinfektionsmittel haben Sie in den Kühlschrank gestellt (fühlt sich kalt an ...).*
- *Das Schleimhautdesinfektionsmittel steht im Backofen.*
- *Unsterile Handschuhe finden Sie unter der Spüle.*
- *Gleich daneben steht im Abfalleimer der Abwurfbeutel.*
- *In der Spüle liegen zwei Katheter.*
- *Im Besteckkasten liegt das Katheter-Set.*
- *Gabeln sind sterile Handschuhe.*
- *Löffel sind die sterile Schale mit den sterilen Tupfern.*
- *Messer sind zwei sterile Pinzetten.*
- *Das Geschirrhandtuch ist das Lochtuch.*
- *Die Papierküchentücher entsprechen dem sterilen Bettschutz.*
- *Das Gleitmittel liegt auf der Mikrowelle.*
- *Die Materialien zum Auffüllen des Ballons liegen neben der Kaffeemaschine.*

■ *Aufgabe 16*

Jetzt wenden Sie die Loci-Methode konkret an. Stellen Sie die Materialien zum Katheterisieren zusammen. Welchen Ort Sie dazu wählen, ist Ihren Vorlieben überlassen. Gehen Sie in Gedanken die Örtlichkeit mit den abgelegten Materialien dreimal durch. Danach schreiben Sie alle Materialien ohne Zuhilfenahme Ihres Buches oder Ihrer Aufzeichnung auf.

Eine abgewandelte Form der Loci-Methode ist der Gedankenpalast. Hier sind Sie zwar noch flexibler, aber Sie müssen den Palast erst „bauen“, ihn sich immer wieder ins Gedächtnis rufen und genau vorstellen, wo welche Räume sind mit welcher Ausstattung in welcher Farbe usw. Der Palast selbst sollte dann nicht mehr geändert werden.

Lernen beim Spaziergang

Diese Methode spricht viele Sinne an und ist deshalb in ihrer Merk-Würdigkeit etwas exponierter. Sie nehmen sich bereits zu Hause einen realen Spaziergang mit ganz bestimmten Punkten vor (Bushaltestelle, Kindergarten, Waldrand, Ruhebank, Bachbrücke ...). Nehmen Sie sich Merkzettel mit, für jede Station einen. Jeder Merkzettel behandelt z. B. ein Unterkapitel Ihres Schulaufgabenstoffes.

Nun begeben Sie sich wirklich auf den Spaziergang. Bei jeder Station, die Sie vorher ja eingeplant haben, lesen Sie den dafür vorgesehen Merkzettel durch und wiederholen Sie den Stoff. Auf dem Merkzettel notieren Sie sich nun den Ort, an dem Sie den Inhalt dieses einen Merkzettels gelernt haben.

Ein solcher Wegweiser könnte z. B. eine Station auf dem Spaziergang sein.

Zu Hause können Sie den Spaziergang mental nochmals wiederholen und dabei den Stoff durchgehen, so oft Sie wollen. In der Prüfung brauchen Sie nun nur noch gedanklich den Spaziergang nachvollziehen und Sie kommen an Ihre Lerninhalte.

Selbstverständlich können Sie den Spaziergang auch nur mental unternehmen, aber die sinnliche Erfahrung fehlt Ihnen dann.

2.6.2 Lesetechnik

Häufig gelangt man während der Ausbildung in die Lage, viel – teilweise auch unbekannten – Text bearbeiten zu müssen, ohne sichergehen zu können, ob der Textinhalt den Lernzielen entspricht. Um bei einer Übersicht über einen Text keine Zeit zu verlieren, bedient man sich einer gewissen Lesetechniken. Diese eignet sich allerdings nicht nur für den Überblick, sondern insbesondere, um den Text Schritt für Schritt erarbeiten zu können.

SQ3R-Lesetechnik oder 5-Schritt-Lesetechnik

SQ3R steht für	
Survey	Überblick verschaffen
Question	Fragen stellen
Read	Details aufnehmen
Recite	wiederholen und zusammenfassen
Review	nachbearbeiten und reflektieren

- **Survey**: Einen Überblick erfasst man durch das Lesen des Inhaltsverzeichnisses, des möglicherweise vorhandenen Klappentextes im Buch sowie durch gezieltes und konzentriertes Suchen nach Schlüssel- oder Signalwörtern in Kapitelüberschriften, Untertiteln, Marginalien (Randbemerkungen), Hervorhebungen oder Zusammenfassungen. Beim Schnelllesen oder Diagonallesen überfliegt man den Text ganz bewusst schnell und achtet dabei nur auf die Signal- oder Reizwörter. Ergeben sich auf der Suche nach einem geeigneten Inhalt bis hierher keine brauchbaren Anhaltspunkte, lohnt sich ein weiterer Umgang mit diesem Text nicht.
- **Question**: Ist man in der Übersicht fündig geworden bzw. steht fest, dass der Text zu bearbeiten ist, beginnt man Fragen zu stellen, z. B.: Was ist speziell an diesem Text interessant? Was sind die zentralen Inhalte und Punkte? Welche Position nimmt der Autor ein? Was im Text ist grundsätzlich neu? Durch diese Fragestellungen erweckt man die Motivation und das vertiefte Interesse am Text.
- **Read**: Nunmehr geht man daran, den Inhalt des Textes zu vertiefen und Details aufzunehmen. Die vorher gestellten Fragen bedürfen nunmehr einer Beantwortung. In Zwischenschritten werden wichtige Textpassagen und Kernaussagen markiert und auch immer wieder auf das Verständnis hin überprüft (Habe ich das richtig verstanden?). Evtl. müssen Fachwörter nachgeschlagen oder zusätzliche Informationsquellen (Fachliteratur, Internet) bemüht werden.
- **Recite**: Nachdem der Text durchgearbeitet wurde, werden die wichtigsten Passagen noch einmal zusammengefasst und wiederholt. Mit Schlagworten kann man das Wichtigste notieren oder auch ein Exzerpt (kurze Zusammenfassung der wichtigsten Gedanken bzw. Auszug aus dem Text) anfertigen.
- **Review**: Jetzt hält man noch einmal Rückschau: Was habe ich nun Neues erfahren? Was waren die Kernpunkte des Textes? Welche Zusammenhänge tun sich auf? Welchen Nutzen ziehe ich daraus für die Praxis? Wie kann ich das Gelesene anwenden?

Erst die konzentrierte und konkrete Auseinandersetzung mit Texten ermöglicht die verfestigte Abspeicherung des Gelesenen im Gehirn.

Markierungen

Es gibt Schüler, die markieren mit Textmarkern seitenweise Text. Das Buch leuchtet geradezu. Dieses Markierungsverhalten läuft dem ursprünglichen Gedanken des Textmarkierens zuwider. Ein markierter Inhalt soll Wichtiges und Wesentliches aus einem Text hervorheben und die Wahrnehmung darauf schärfen, damit eine visuelle Abspeicherung im Gehirn erleichtert wird. Ganze Absätze oder Seiten zu markieren, hebt nichts hervor, sondern verwandelt den Text nur in eine leuchtende Masse. Das Gehirn reagiert auf die Hervorhebung nicht mehr, es wird stellenweise gar überfordert, da es keine Prioritäten mehr setzen kann. Beim späteren Stoffwiederholen für einen Leistungsnachweis erschlägt einen die Fülle der Hervorhebungen, in der Folge kommt es unter Umständen zu Lernblockaden.

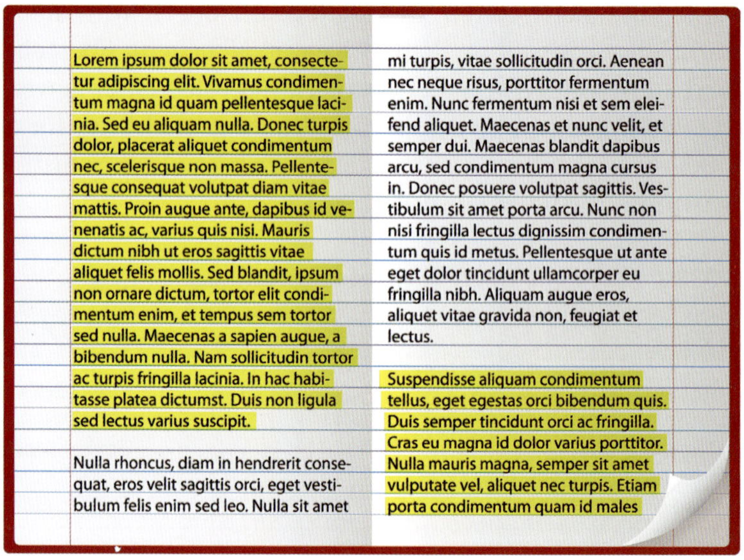
Lorem ipsum dolor sit amet, consectetur adipiscing elit. Vivamus condimentum magna id quam pellentesque lacinia. Sed eu aliquam nulla. Donec turpis dolor, placerat aliquet condimentum nec, scelerisque non massa. Pellentesque consequat volutpat diam vitae mattis. Proin augue ante, dapibus id venenatis ac, varius quis nisi. Mauris dictum nibh ut eros sagittis vitae aliquet felis mollis. Sed blandit, ipsum non ornare dictum, tortor elit condimentum enim, et tempus sem tortor sed nulla. Maecenas a sapien augue, a bibendum nulla. Nam sollicitudin tortor ac turpis fringilla lacinia. In hac habitasse platea dictumst. Duis non ligula sed lectus varius suscipit.

Nulla rhoncus, diam in hendrerit consequat, eros velit sagittis orci, eget vestibulum felis enim sed leo. Nulla sit amet mi turpis, vitae sollicitudin orci. Aenean nec neque risus, porttitor fermentum enim. Nunc fermentum nisi et sem eleifend aliquet. Maecenas et nunc velit, et semper dui. Maecenas blandit dapibus arcu, sed condimentum magna cursus in. Donec posuere volutpat sagittis. Vestibulum sit amet porta arcu. Nunc non nisi fringilla lectus dignissim condimentum quis id metus. Pellentesque ut ante eget dolor tincidunt ullamcorper eu fringilla nibh. Aliquam augue eros, aliquet vitae gravida non, feugiat et lectus.

Suspendisse aliquam condimentum tellus, eget egestas orci bibendum quis. Duis semper tincidunt orci ac fringilla. Cras eu magna id dolor varius porttitor. Nulla mauris magna, semper sit amet vulputate vel, aliquet nec turpis. Etiam porta condimentum quam id males

Hier wurde eindeutig zu viel des Guten markiert!

Empfehlungen für das Markieren von Text

- Nur wortweise markiert werden Namen, Zahlen, Fachbegriffe oder Begriffe, die vollkommen neu sind.
- Satzweise markiert werden fixe Definitionen sowie bedeutende Zitate oder Aussagen. Aber nur, wenn die wortweise Markierung den Zusammenhang oder die Bedeutung nicht deutlich macht.
- Absätze werden generell nicht durchgehend markiert. Hier können zur Hervorhebung, z. B. des Schulaufgabenstoffes, nur senkrechte Markierungen am Seitenrand nützlich sein. Muss ein Absatz hervorgehoben werden, genügt es, ihn mit Textmarker einzurahmen. Somit bleibt immer noch die Möglichkeit innerhalb dieses Absatzes wichtige Begriffe einzeln hervorzuheben.
- Das Limit zur Markierung liegt bei 20 % des Textes. Bei einer Seite mit 40 Zeilen ist also bei 8 Zeilen Markierung die oberste Grenze erreicht.

■ ***Aufgabe 17***

Arbeiten Sie das Kapitel mit den Gedächtnistechniken durch. Zählen Sie dazu auch einmal, wie viele Zeilen dieser Text hat. Markieren Sie die wichtigsten Textstellen mit maximal 20 %. Verwendung Sie nur Einzelmarkierungen, keine ganzen Sätze.

2.6.3 Lernkartei

Eine gute Möglichkeit zur gezielten Wiederholung eines Stoffes bietet die Lernkartei, die bereits seit vielen Jahren erfolgreich von Schülern aller Generationen angelegt wird.

Eine Lernkartei besteht aus
- einem Karteikasten,
- Karteikarten in verschiedenen Farben, üblich sind Größe DIN A 6,
- Teilern für die Unterteilung des Karteikastens,

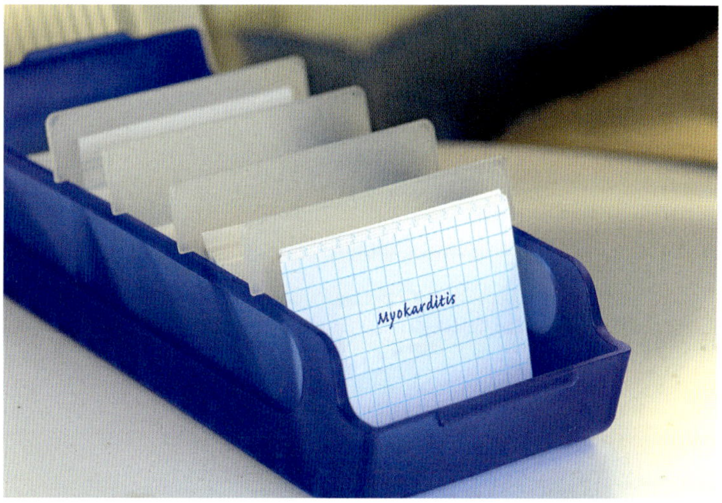

Lernen mit dem Dateikastensystem

Der Dateikasten wird durch Teiler in vier bis fünf Fächer unterteilt. In das hinterste Fach kommen alle Karteikarten, auf denen Definitionen, Fragen, Begriffe usw. notiert werden. Auf der Rückseite der Karten wird die Antwort vermerkt. Je nach Fachgebiet können verschiedene Farben benutzt werden. Nun wird die erste Karte genommen, die Frage gelesen, die Antwort laut vorgesagt und mit der Rückseite der Karte verglichen. Nur nach erfolgreicher Wiederholung werden die Karten jeweils ein Fach weiter vorne abgelegt. Nicht beantwortete Fragen oder Definitionen wandern wieder so lange in das hinterste Fach, bis sie gelernt wurden. Man kann so also von einem auf den nächsten Tag die bereits gelernten Karten wiederholen und ein Fach weiter vorne ablegen oder die noch nicht gut beherrschten Karten im Fach belassen und dann am nächsten Tag wieder bearbeiten. Wenn alle Karten im vordersten Fach sind, ist davon auszugehen, dass der Lernstoff beherrscht wird.

2.6.4 Unterrichtsmitschriften

Die Mitschrift im Unterricht fällt vielen Lernenden schwer. Sich einerseits auf das Gesagte des Lehrers zu konzentrieren und andererseits die richtigen Inhalte in kurzer Form zu Papier zu bringen, ohne den laufenden Unterricht zu verpassen, ist nicht jedermanns Sache.

Die meisten Lehrkräfte signalisieren den Lernenden von sich aus, welche Unterrichtsinhalte wichtig sind und mitgeschrieben werden müssen. Dennoch gibt es eine Vielzahl von Dozenten, die keine Prioritäten setzen. In diesen Fällen muss der Schüler selbst entscheiden, was er mitschreibt.

Es ist nicht Ziel der Unterrichtsmitschrift, jedes Wort zu notieren. Sie müssen für sich entscheiden, welche Informationen wichtig sind und diese in aller Kürze aufzeichnen.

Es ist generell zu unterscheiden zwischen einer selbst angefertigten Mitschrift und der Abschrift eines Tafelbildes oder einer Overhead- bzw. PowerPoint-Folie. Die Abschrift ist nur eine selbst angefertigte Kopie, die im günstigsten Fall während des Unterrichts gemeinsam zwischen Lehrer und Schüler entwickelt wurde. Fertige Folien oder Anschriebe abzuschreiben, entspricht nicht den modernen Anforderungen an Pädagogik. Zwar wird immer wieder betont, dass das Gehirn lernt, wenn man etwas aufschreibt, das trifft allerdings nur dann zu, wenn es dabei denken und assoziieren muss.

Eine Abschrift strengt das Gehirn nicht an, sie verschafft ihm eher eine Pause. Daher sind Tafel- oder Folienabschriften bei Schülern nicht unbeliebt.

Eine Mitschrift hingegen fordert erstens die Entscheidung, welche Inhalte wichtig sind, und zweitens, wie in aller Kürze formuliert werden kann. Dadurch werden aktiv neue neuronale Verknüpfungen angelegt, die es dann bei der Stoffwiederholung zu verfestigen gilt.

Die Mitschrift erfolgt je nach Vorlieben in den laufenden „offiziellen" Unterrichtsaufzeichnungen, in denen Sie auch die o. g. Tafelbilder festhalten, oder in besonders dafür vorbereiteten Papieren.

Tipps zur Unterrichtsmitschrift:

- Verwenden Sie kariertes DIN A 4 Papier im Hochformat.
- Bereiten Sie das Papier mit einer Kopfzeile vor: Lernfeld/Fach, Dozent, Datum.
- Ziehen Sie links und rechts je eine senkrechte Linie mit mind. 5 cm Abstand zum Rand. Dort lassen sich sofort und auch im Nachhinein Markierungen, Sonderzeichen (wie z. B. Ausrufe- oder Fragezeichen), Ergänzungen u. v. m. eintragen.
- Strukturieren Sie die Mitschrift. Hilfreich sind dazu Blickfangpunkte und/oder Spiegelstriche.

Beispiel

- *Das ist ein Blickfangpunkt. Er darf auch viereckig oder sternförmig sein und weist auf einen übergeordneten Inhalt hin*

– *Das ist ein Spiegelstrich. Er deutet einen untergeordneten Inhalt an.*

- Setzen Sie gängige und geläufige Abkürzungen ein. Gewöhnen Sie sich auch an, übliche fachbezogene Abkürzungen und Symbole zu verwenden.

Beispiel
DAT: Demenz vom Alzheimer Typ
D.m.: Diabetes mellitus
 # : Fraktur
↓Pfeil nach unten: erniedrigt, tief, wenig ...
↑Pfeil nach oben: erhöht, hoch, viel ...

- Die Mitschrift erfolgt nicht in ganzen Sätzen, sondern in Stichpunkten und wird mit eigenen Zeichen und Symbolen ergänzt (vgl. Mindmap).
- Ggf. wird auf die regulären Unterrichtsaufzeichnungen, Arbeitsblätter und Kopien verwiesen (z. B. Doppelpfeil nach links und „Kop. Anat. Herz“ bedeutet „siehe Kopie zur Anatomie des Herzens“).
- Die Ablage der Mitschrift erfolgt gemeinsam mit den laufenden Unterrichtsaufzeichnungen, Arbeitsblättern und ausgehändigten Kopien in einem gut und nach Lernfeldern/ Fächern und Dozenten sortierten Aktenordner.

Welche Inhalte gehören in die Unterrichtsmitschrift?

- Bemerkungen des Dozenten oder Informationen, die nur so in diesem Unterricht vorkommen. So berichten Mediziner beispielsweise sehr gerne aus ihrer Praxis. Halten Sie dieses Beispiel fest. Es lässt Sie schneller an die Unterrichtsinhalte anknüpfen und erinnern. Andere Dozenten verstehen es prächtig, Humor im Unterricht einzubauen. Auch diese lustigen Begebenheiten sind merk-würdig und helfen dem Gedächtnis später besser auf die Sprünge.
- Viele Dozenten betonen manche Inhalte und weisen auf die Wichtigkeit hin. Das gilt es unbedingt zu vermerken. Es könnte auch ein Hinweis auf eine Frage in einem Leistungsnachweis sein.
- neue Fachbegriffe, Definitionen, Grundsatzinhalte
- Fragen und Argumente
- eigene Bemerkungen, die dem späteren Wiederholen des Stoffes dienen

Gut gestaltete und inhaltlich anspruchsvolle Unterrichtsmitschriften sind auf Dauer anstrengend und erschöpfen infolge der anhaltenden Konzentration das Gehirn. Sie stellen aber auch nicht für jedes Lernfeld oder Fach eine Notwendigkeit dar. Entscheiden Sie selbst, in welchen Lernfeldern Sie mehr und in welchen Sie weniger dokumentieren. Lernfelder, in denen Sie leichter lernen, kommen mit weitaus weniger Mitschriften aus als jene, mit denen Sie sich etwas schwerer tun.

Aufgabe 18

Fertigen Sie gleich eine Mitschrift der nächsten Unterrichtsstunde an. Reflektieren Sie diese Mitschrift zu Hause: Wie schwer oder leicht ist es Ihnen gefallen? Wie bewerten Sie die Erinnerung an diese Unterrichtsstunde im Vergleich zu einer Stunde ohne Mitschrift? Können Sie mehr Inhalte rekapitulieren?

2.6.5 Protokolle erstellen

Besprechungsergebnisse werden im Protokoll festgehalten

Protokolle werden immer dann erstellt, wenn bestimmte Abläufe, Inhalte, Vereinbarungen oder Ergebnisse zu einem späteren Zeitpunkt wieder verfügbar sein müssen. Je nach Gewichtung und Zweck spricht man vom Ergebnisprotokoll oder vom Verlaufsprotokoll.

Ergebnisprotokoll: *spiegelt Gesprächsvereinbarungen und/oder Besprechungsergebnisse wider. Eine wörtliche oder chronologische Aufzeichnung ist nicht nötig. Es kommt auf den Zusammenhang und die sinngemäße Wiedergabe an.*

Verlaufsprotokoll: *bildet einen Gesprächsverlauf chronologisch ab (z. B. Vernehmung, Gerichtsverhandlung, Bundestagsdebatte). Hier ist auf eine möglichst wortgetreue Wiedergabe zu achten.*

Zu Unterrichtszwecken und in der Pflegepraxis genügt in aller Regel das Ergebnisprotokoll. Im Kern müssen die Fragen nach dem wann, wer, was, wie, wo, womit etc. beantwortet werden.

Ein Ergebnisprotokoll wird zu Beginn der nächsten Sitzung gemeinsam besprochen und evtl. vorkommende Unklarheiten darin geklärt. Darauf aufbauend wird ggf. die Besprechung, eine Planung oder ein Vorhaben fortgesetzt.

Ein Ergebnisprotokoll kann in eigenen Worten verfasst werden. Wörtliche Zitate sind auf Verlangen eines Beteiligten zu berücksichtigen oder zu unterlassen.

Zu empfehlen ist eine gleichbleibende Protokollvorlage. In diese werden dann die jeweils relevanten Angaben eingetragen.

Beispiel einer Protokollvorlage zu einer Gruppenarbeit	
Protokoll zu Lernfeld:	
Datum:	
Protokollant:	

Beispiel einer Protokollvorlage zu einer Gruppenarbeit	
Teilnehmer:	– – –
Thema* 1:	
Thema 2:	
Thema 3:	
*Anstelle von Thema kann auch Frage bzw. Punkt eingetragen werden; in Sitzungen oder Besprechungen heißt es hier Tagesordnungspunkt (TOP) oder Besprechungspunkt. Möglich ist auch eine dritte Spalte, in welcher festgehalten wird, wer bis wann was zu erledigen hat.	

Protokolliert wird in der Regel in kurzen Sätzen, teils auch in Stichpunkten. Bei der Gefahr von Missverständnissen oder bei komplexen Inhalten kann auch ausführlicher formuliert werden.

2.7 Lernen in Gruppen

Eine höchst effektive Art des Lernens ist das Lernen in Gruppen. Die Effektivität begründet sich einerseits in der damit verbundenen gegenseitigen Lernmotivation und Lernkontrolle, andererseits in den Anforderungen, die an das Gehirn gestellt werden: Statt nur den Lernstoff zu lesen und zu wiederholen, muss das Gehirn durch den beständigen Austausch und die Diskussionen permanent wahrnehmen, bewerten, assoziieren, wiedergeben, zwischenspeichern, erneut wahrnehmen, neue Assoziationen eingehen, neu bewerten usw. Hinzu kommt die soziale und kognitiv-emotionale Komponente. Dadurch verfestigen sich die neuronalen Verknüpfungen weitaus besser, die Speicherung vollzieht sich sozusagen auch als Nebenwirkung des Miteinanders.

Sehr effektiv: in der Gruppe gemeinsam lernen

Gruppenlernen vollzieht sich während des Unterrichts, aber auch außerunterrichtlich. Letztere Variante fußt auf Freiwilligkeit.

Unterrichtliches Gruppenlernen	Außerunterrichtliches Gruppenlernen
Auftrag der Lehrkraft wird bearbeitet – fremdgesteuertes Lernen Vorteil: – direkte Kontrolle durch Lehrkraft – unmittelbare Klärung von Fragen – Lerneffizienz höher als bei Frontalunterricht – Gelernt wird auch soziale Kompetenz Nachteil: – Gruppenmitglieder nicht immer frei wählbar, dadurch ggf. sozial-emotionale Hemmung – keine Freiwilligkeit, dadurch Lernmotivation überwiegend extrinsisch	Lernstoff wird zur Prüfungsvorbereitung bearbeitet – selbstgesteuertes Gruppenlernen Vorteil: – Gruppenmitglieder frei wählbar, dadurch keine sozial-emotionale Hemmung – Freiwilligkeit, dadurch Lernmotivation überwiegend intrinsisch – gegenseitige Lernkontrolle – gegenseitige extrinsische Lernmotivation Nachteil: – Keine Möglichkeit, Lehrkraft bei Unklarheiten und Fragen hinzuzuziehen – in der Freizeit

2.7.1 Grundregeln zur Gruppenarbeit

Die Gruppenarbeit bedarf bestimmter Grundregeln (dies gilt auch für Gruppen außerhalb des Unterrichts):

- Alle Gruppenmitglieder respektieren sich gegenseitig, hören sich einander zu und lassen sich ausreden.
- Jedes Gruppenmitglied beteiligt sich aktiv am Geschehen und hat dabei das Ziel fest im Auge.
- Probleme innerhalb der Gruppe werden direkt angesprochen und thematisiert.
- Bei nachlassender Lernmotivation einzelner Gruppenmitglieder motiviert sich die Gruppe gegenseitig.
- Vereinbarungen, Zeitabsprachen etc. werden eingehalten.

■ ***Aufgabe 19***
Sammeln Sie auf der Tafel alle Störfaktoren, die eine erfolgreiche Gruppenarbeit behindern können.

2.7.2 Unterrichtliches Gruppenlernen

Gruppenlernen oder Gruppenarbeit während des Unterrichts erfolgt durch den Arbeitsauftrag der unterrichtenden Lehrkraft. In der Mehrzahl der Fälle handelt es sich dabei um arbeitsteilige Gruppen, d. h., jede Gruppe bearbeitet einen anderen Lernauftrag zum gleichen Thema. Demgegenüber können auch arbeitsgleiche Gruppen eingeteilt werden, wobei jede Gruppe den gleichen Arbeitsauftrag erhält. Somit wäre ein direkter Vergleich oder eine gegenseitige Kontrolle möglich.

Struktur einer Gruppenarbeit

- Vorbereitung: Räumlichkeit einrichten; ggf. Distanz zu anderen Arbeitsgruppen schaffen oder anderen Raum aufsuchen; Tische und Stühle so positionieren, dass jederzeit Blickkontakt besteht.
- Übersicht verschaffen: Wie lautet der Arbeitsauftrag? Was ist genau zu tun?
- Gemeinsames Vorgehen absprechen; Aufgaben und Rollen verteilen:
  - Gruppenmoderator (nicht immer die aktivsten Mitschüler auswählen)
  - Protokollant; ist manchmal auch der „Plakatschreiber"
  - Präsentierende
  - Kontrolleure: Zeitnehmer erinnert die Gruppenmitglieder an die verbleibende Zeit; Rollenkontrolleur achtet auf die Einhaltung der Rollen; Ergebniskontrolleur warnt die Gruppe bei Abschweifungen und behält das Ziel im Auge
- Arbeitsphase 1: Sichtung, Sammlung und Lesen von Lernmaterial und Büchern
- Diskussionsphase 1: Besprechen des Materials, Entscheidung über Verwendung
- Arbeitsphase 2: Bearbeitung des Arbeitsauftrages (z. B. Beantwortung von Fragen)
- Diskussionsphase 2: Besprechen der ersten Arbeitsergebnisse (z. B. Sind die Antworten richtig?)
- Weitere Arbeits- und Diskussionsphasen im steten Wechsel bis zur Erledigung der Aufgaben
- Vorbereitung der Präsentation: Wie und womit wird präsentiert? Material beschaffen und beschriften; ggf. Einüben der Präsentation (z. B. bei Rollenspiel)
- Durchführung der Präsentation
- Gegenseitiges Feedback geben: Aufgaben erledigt? Effektiv gearbeitet? Probleme bei der Gruppenarbeit? Form der Präsentation?

Die Gruppenarbeit ist nicht dann erfolgreich, wenn das Ergebnis stimmt, sondern erst, wenn alle Gruppenmitglieder das Gefühl haben, ihren Beitrag dazu geleistet zu haben.

Für die Eindeutigkeit der Arbeitsaufträge, die Zeitvorgaben und die Lenkung von Gruppenarbeiten ist stets die Lehrkraft verantwortlich. Sie hat sich zudem während des gesamten Arbeitsprozesses als Ansprechpartner zur Verfügung zu stellen und kontrolliert die Arbeitsfortschritte.

Sollten Sie von Ihrer Lehrkraft keinen eindeutigen, möglichst schriftlichen Arbeitsauftrag erhalten, fragen Sie bitte nach. Das gleiche gilt, wenn es keine klare Unterrichtssicherung in Form von Handouts, Mitschriften oder Kopien gibt.

2.7.3 Außerunterrichtliches Gruppenlernen

Das außerunterrichtliche Gruppenlernen eignet sich bestens zur Wiederholung von Lernstoff sowie zur Vorbereitung auf Leistungsnachweise bzw. Prüfungen. Hier steht nicht die Erledigung eines Arbeitsauftrages im Vordergrund, sondern die Sicherung von Lerninhalten. Wie oben erwähnt, ist die Form des Gruppenlernens selbstorganisiert. Jedes Gruppenmitglied kann sich also in eigener Lernverantwortung einbringen oder zurückhalten.

Beispiel

Die Auszubildenden im St. Johannes Krankenhaus Michael Schneider, Anja Britt, Sonja Härtel und Yvonne Walter stehen wenige Wochen vor ihren schriftlichen Abschlussprüfungen. Heute treffen sie sich zur gemeinsamen Vorbereitung um 18 Uhr bei Anja. Bis 20 Uhr wollen sie lernen. Sie haben sich am Vormittag bereits darauf geeinigt, die neurologischen Krankheitsbilder zu bearbeiten. Anja hat damit ziemliche Probleme, Michael hingegen ist sehr interessiert und hat bislang nur beste Ergebnisse in seinen Leistungsnachweisen erzielt. Bei Sonja und Yvonne ist das Leistungsspektrum ausgeglichen. Somit darf heute Michael Regie führen. Er schlägt die einzelnen Themenbereiche vor und lässt sich auch Fragen an seine Mitlernenden einfallen. Gemeinsam diskutieren sie jede Frage, wobei Michael insbesondere Anja um ihre Meinung fragt. Dadurch wird Anja immer wieder aufs Neue gefordert, sich mit dem Stoff auseinanderzusetzen und sich mit den anderen auszutauschen.

Die Lerngruppe unterliegt keinen festen Regeln, denn bereits die Tatsache, dass man sich gemeinsam mit dem Lernstoff auseinandersetzt, ist bereits effektiver, als sich nur alleine hinter den Unterlagen zu verkriechen. Dennoch hilft es, wenn auch in der selbstorganisierten Lerngruppe Regeln vereinbart werden.

Empfehlungen zur Lerngruppe

- Die Gruppengröße ist begrenzt. Mehr als vier Teilnehmer erschweren den zwischenmenschlichen Umgang miteinander.
- Die Gruppenteilnehmer sollten nicht nur nach Sympathie, sondern ebenso nach dem etwa gleichen Lernstand ausgewählt werden. Dies ermöglicht zielgerichtetes Arbeiten unter Gleichen.
- Die Lernsitzung sollte zeitlich begrenzt sein, z. B. 2 Stunden, und Pausen vorsehen.
- Die Häufigkeit der Lernsitzungen wird beim ersten Treffen vereinbart. Zur Prüfungsvorbereitung werden selbstverständlich mehr Termine nötig sein als zur Vorbereitung einer Schulaufgabe.
- Der Lernstoff ist klar abgesprochen.
- Der Lernstoff ist den Gruppenteilnehmern nicht neu. Jedes Mitglied der Gruppe sollte sich schon mit dem Lernstoff befasst haben. So kann jedes Gruppenmitglied auch gezielt Unklarheiten klären oder die Diskussion beginnen. Eine unvorbereitete Gruppe verliert viel Organisationszeit.
- Möglich ist auch eine Vereinbarung zur Protokollführung oder die Abmachung, dass jedes Gruppenmitglied selbst für die Aufzeichnungen verantwortlich ist.
- Das Lernumfeld sollte nicht an Schule erinnern, aber auch nicht zu ablenkend sein.

Das selbstorganisierte Lernen in der Gruppe erfordert von allen Beteiligten ein gewisses Maß an Selbstverantwortung und Lerndisziplin. Sie werden aber mit mehr Lernspaß und vielen neuen Lerneindrücken belohnt.

2.8 Prüfungen meistern

Prüfungen zählen zu den weniger schönen Erfahrungen im Leben. Jeder von uns hat sie schon durchlebt. Erst das Erfolgserlebnis macht die Prüfung zu einem weniger gefährdenden Ereignis, der Misserfolg hingegen kann u. U. für das weitere Leben prägend sein. Prüfungsängste sind evtl. bereits durch frühkindliche Erfahrungen konditioniert und kommen Versagensängsten gleich.

Angst vor Prüfungen ist als deutlich negative Emotion allerdings im neurophysiologischen Sinn mit einer erhöhten Aktivität der Amygdala im Gehirn (siehe Kap. 1.3.2) verbunden. Dadurch wird sowohl die Aufnahme von Lerninhalten als auch der Abruf von gespeichertem Wissen gehemmt. Im schlimmsten Fall kommt es zum Blackout.

2.8.1 Prüfungsangst und Prüfungsnervosität

Prüfungsnervosität

Es ist normal, vor einer Prüfung nervös zu sein. Dies ist vielmehr als gutes Zeichen zu werten, dass Ihre Psyche und Ihr Körper auf Touren sind und loslegen möchten. Der Adrenalinspiegel ist nicht unerheblich angestiegen und muss nun durch die Prüfungsaktivität wieder gesenkt werden. Solange sich die Nervosität mit dem Beginn der Prüfung wieder ablegen lässt, ist auch keinerlei Intervention erforderlich.

Prüfungsangst

Lähmt die Prüfungsnervosität allerdings Ihr Reproduktionsvermögen, weil sich der Erregungszustand in einen Angstzustand verwandelt hat, sollten Sie bereits im Laufe der Ausbildung daran arbeiten. Haben Sie dabei aber auch den Mut, sich diese Ängste einzugestehen und auf neue Dinge einzulassen. Wirkliche Prüfungsängste sind ernstzunehmende Leistungsbremsen, die Sie in Ihrem beruflichen Fortkommen massiv einschränken können. Lassen Sie dies nicht zu, holen Sie sich fachkundige Unterstützung. In jeder Stadt gibt es Lernberater und Schulpsychologen, die darauf spezialisiert sind. Sich diesbezüglich helfen zu lassen ist absolut keine Schande, sondern Ausdruck von Selbstbewusstsein.

Sind Sie hingegen „nur etwas" anfällig für Prüfungsängste und zeigen Sie eine etwas starke Prüfungsnervosität, mit der Sie sich selbst nicht recht arrangieren können, seien Ihnen die folgenden Tipps zur Prüfungsvorbereitung empfohlen.

Wirkliche Prüfungsängste sind ernstzunehmende Leistungsbremsen

2.8.2 Prüfungsvorbereitung

Lernkalender entwerfen, Lernplan erstellen

Der größte Feind der Prüfungsleistung ist der unter akutem Zeitdruck gelernte Stoff, womöglich noch am Prüfungstag selbst. Lernstoff, der verinnerlicht werden soll und auf Abruf bereit zu stehen hat, muss mühsam erarbeitet werden. Dazu bedarf es genügend Zeit und steter Wiederholung. Planen Sie also rechtzeitig die Prüfungstermine und sortieren Sie den Stoff. Um die Stofffülle aus einer fast dreijährigen Ausbildung wiederholen und sichern zu können, dürfen Sie nicht in Wochen rechnen. Kalkulieren Sie mit einem Zeitraum von 3–5 Monaten (siehe auch Zeitmanagement in Kap. 2.1). Legen Sie sich Ihren eigenen Lernkalender an.

Der Lernkalender ist eine wichtige Stütze bei der Prüfungsvorbereitung

1. Schritt: Stoff sortieren und gliedern = Lernplan

2. Schritt: Stoffgebiete in Ihren Zeitplan integrieren = Lernkalender

3. Schritt: Lernstoff wiederholen

4. Schritt: Lernstoff überprüfen

5. Schritt: ggf. nochmalige Wiederholungsphasen

Pausen- und Entspannungsphasen mit einplanen.

Fit halten

Bemühen Sie sich um körperliche Fitness. Ausreichende Bewegung und eine ausgewogene Ernährung sind keine leeren Worthülsen, sondern Grundpfeiler erfolgreichen Lernens. Sie sind in der Prüfungsphase ein geistiger Hochleistungssportler, riskieren Sie also keine Leistungseinbrüche, indem Sie sich mit Fastfood versorgen.

Bewegung hält nicht nur geistig fit!

Entspannungsmethoden einsetzen

Entspannung verhilft zu mehr Leistungsfähigkeit. Holen Sie sich ab und zu „wieder mal runter“, indem Sie z. B. Atemübungen machen, kinesiologische Übungen, die Muskelentspannung nach Jacobsen versuchen oder meditieren. In der Meditation können Sie Visualisierungsübungen oder Phantasiereisen unternehmen. Einzelne Übungen hier zu beschreiben, würde leider den Platz sprengen. Aber im Internet finden Sie vielfältige Angebote als Literatur oder auf Tonträgern.

Mentales Training schult auch die Konzentration

Mentales Training

Unter mentalem Training versteht man die Vorbereitung und Durchführung einer Handlung im Geiste. Mentales Training ist ein nachgewiesen effektive Methode. Sicher haben Sie z. B. vor den wichtigen Skirennen der Wintersaison im Fernsehen die mentalen Vorbereitungen der Skirennläufer beobachtet: Mit geschlossenen Augen stehen sie vor dem Starthäuschen, ihre Hände sind etwas nach vorne gerichtet, der Oberkörper schwingt bei jeder Kurve zur Seite mit. In diesen Momenten vor dem Start nimmt der Skirennläufer seinen Lauf schon mental vorweg. Wenn es losgeht, ist sein Muskelapparat schon auf die ersten Kurven eingestellt.

■ *Aufgabe 20*

Fachspezifische Visualisierungsübung: Als Vorbereitung zur praktischen Prüfung kann die Visualisierung einer pflegepraktischen Tätigkeit dienen. Nehmen Sie Ihr Lehrbuch zur Hand und Ihr Mobiltelefon oder ein anderes Aufzeichnungsgerät. Wählen Sie im Lehrbuch ein bestimmtes Pflegethema aus, das Sie noch nicht so optimal beherrschen. Sprechen Sie die im Lehrbuch beschriebene Durchführung der Pflegetätigkeit auf Ihre Sprachmemo in Ihrem Mobiltelefon. Tun Sie dies mit deutlicher Lautstärke, aber langsam und mit ruhiger Stimme. Versuchen Sie sich bereits beim Aufsprechen vorzustellen, wie lange dieser und jener Handgriff dauert, dann sprechen Sie auch nicht zu schnell. Wenn Sie Ihren Text aufgesprochen haben, nehmen Sie eine bequeme sitzende oder liegende Position ein. Schalten eine entspannende Musik dazu. Jetzt schließen Sie die Augen, atmen einige Minuten zur Entspannungsmusik und spielen dann Ihren aufgesprochenen Text ab. Im Geiste und mit Ihren Bildern folgen Sie nun visuell Ihren eigenen Anweisungen. Bleiben Sie nach Beendigung noch wenige Minuten bei weiter laufender Entspannungsmusik liegen. Mit dieser Methode entspannen Sie sich und betreiben aktive mentale Prüfungsvorbereitung zur praktischen Abschlussprüfung.

Das mentale Training lässt sich übrigens auch gut für die mündliche Prüfung oder eine Präsentation einsetzen. Stellen Sie sich dazu bitte genau den Prüfungsraum vor. Wo sitzen die Prüfer? Welche Fragen stellen Sie? Wie läuft meine Präsentation ab?

Mut zum effektiveren Lernen

Die Lernmethoden, die in diesem Buch beschrieben werden, dienen allesamt der Verbesserung der Effektivität Ihres Lernens. Durch die Anwendung dieser Methoden verkürzen Sie entweder die Lerndauer gegenüber herkömmlichen Lernvorgängen oder Sie erreichen mehr Lernertrag in gleicher Zeit. Wagen Sie den Schritt hin zu neuen Methoden, die zunächst etwas ungewöhnlich erscheinen, nach einiger Eingewöhnungszeit aber wie selbstverständlich ablaufen.

Diese Methoden ablehnen dürfen Sie nur, wenn Sie mit Ihren bisherigen Lernstrategien durchaus sehr erfolgreich waren und keine Veranlassung zu Veränderungen sehen. Aber vielleicht können Sie trotzdem Ihren Lernaufwand dadurch verkürzen ...?

■ *Aufgabe 21*

Beschreiben Sie auf einem Blatt Papier, wie Sie sich bisher auf Prüfungen vorbereitet haben. Reflektieren Sie diese Vorgehensweise: Was war erfolgreich, was nicht?

2.8.3 Am Prüfungstag

Abschließend noch einige Tipps für den Prüfungstag bzw. den Vortag:

Was geschieht, wenn Sie am Vorabend der Prüfung noch lernen? Nichts! Der Hippocampus und das limbische System werden unnötig unter Druck gesetzt, da Ihre Gedanken nur noch um die Prüfung kreisen. Es zirkulieren bereits Stresshormone im Körper, die die Transmitter blockieren und die Aufnahme neuer Lerninhalte schon rein physiologisch nicht mehr zulassen. Sie gefährden im Gegenteil den Lernerfolg der vorangegangenen Tage und provozieren bei der Prüfung die sog. ekphorische Hemmung (der Versuch, kurzfristig noch neue Lerninhalte zu platzieren, verursacht eine Gedächtnishemmung, frühere Lerninhalte werden blockiert).

Bei allen Prüfungen gilt: Halten Sie sich den Abend vorher möglichst frei und lenken Sie sich ab. Was Sie bis jetzt nicht beherrschen, können Sie Ihrem Gehirn auch nicht mehr abverlangen. Dafür ist es schlicht zu spät. Am besten ist jetzt Entspannung oder Zerstreuung. Sehen Sie sich im Kino einen guten Film an oder gehen Sie mit Freunden zum Essen. Aber gehen Sie rechtzeitig zu Bett, denn ausreichend Schlaf ist jetzt die beste Vorbereitung und wenn Sie sich gewissenhaft vorbereitet haben, haben Sie nichts zu befürchten.

Lernen am Vorabend der Prüfung bringt nichts – außer Übermüdung und Stress

Praktische Prüfung

Den Vortag zur praktischen Prüfung sollten Sie sich nicht frei nehmen, sondern gezielt, am besten gemeinsam mit der Praxisanleitung, die Abläufe, die Dokumentation u. ä. noch einmal durchgehen. Ebenso können Sie sich noch einmal auf mögliche Theoriehintergründe vorbereiten oder sich um Ihre Patienten/Bewohner bemühen.

Schriftliche Prüfung

- Gehen Sie am Morgen der Prüfung Ihren Mitschülern aus dem Weg und nehmen Sie zur Prüfung keine Lernunterlagen oder Bücher mit. Erfahrungsgemäß sind die Minuten und Stunden vor der Prüfung die Panikstunden, in denen aufgebrachte Mitschülerinnen Sie plötzlich mit Fragen zu irgendwelchen Stoffgebieten konfrontieren, zu denen Ihnen auch nicht sofort einfällt, dass Sie sie in Wirklichkeit ja gelernt haben. Plötzlich werden Sie verunsichert und beginnen, im Buch nachzusehen und zu lernen. Die Panik überträgt sich auf Sie selbst, mit der oben beschriebenen Gefahr der Gedächtnishemmung oder des Blackouts.
- Nutzen Sie unmittelbar vor Beginn der schriftlichen Prüfung die ein bis zwei Minuten, in denen die Blätter ausgeteilt werden, für sich. Halten Sie innere Einkehr, sprechen Sie sich Mut zu, pflegen Sie Ihre positiven Gedanken, schließen Sie ruhig die Augen dabei und kommen Sie zu einem ruhigen Atem.
- Lesen Sie in aller Ruhe zunächst alle Angaben mindestens einmal, besser noch zweimal durch. Setzen Sie hinter jede Frage, die Sie sofort beantworten könnten einen Haken. Diese Fragen beantworten Sie bitte zuerst.
- Zu Fragen, zu denen Ihnen sofort nichts einfällt, benötigen Sie eine gewisse Distanz. Stellen Sie diese hintan, vielleicht kommen Sie zu einem späteren Zeitpunkt auf die Lösung.
- Halten Sie ein Konzeptblatt (Schmierblatt) bereit. Wenn Sie von sich selbst keines verwenden dürfen, bitten Sie um eines. Nutzen Sie es zum Notieren von Einfällen, Ideen, Mindmaps o. ä. Manche gekritzelte Mindmap wirkte bereits Wunder und verhalf zur richtigen Antwort.

- Legen Sie ruhig eine Minute Pause ein, wenn Sie merken, dass die Konzentration und die Kräfte schwinden. Schließen Sie wieder die Augen, entspannen Sie, denken Sie an schöne Dinge. So lösen Sie auch Verspannungen und Verkrampfungen und sind bald wieder fit für Ihre Aufgaben.

Stressituation Prüfung

Mündliche Prüfung

Im günstigsten Fall kennen Sie den Prüfungsraum und die Prüfer, sodass Sie sich entsprechend mental vorbereiten konnten. Achten Sie trotzdem darauf, sich an diesem Tage einer Prüfung würdig zu kleiden und zu verhalten. Oft sind es Kleinigkeiten im Äußeren, die über die Abwertung einer Leistung entscheiden, weil sich Prüfer an scheinbaren Kleinigkeiten stören und somit eine nicht optimale Wahrnehmung zu dem von Ihnen preisgegebenen Prüfungswissen aufweisen.

Dies kann sowohl ein unangepasstes Schlabberhemd über der Jeanshose sein als auch eine übertriebene Kleidung. Ein wiederholt gestammeltes „Ach, bin ich nervös" oder gar eine Zeit lang gar keine Antwort zu geben, trüben ebenso das Bild. Treten Sie selbstbewusst auf, fragen Sie nach, wenn die Fragen unklar waren und geben Sie es offen zu, wenn Sie etwas nicht wissen. Wenn Ihnen die Antwort nicht sofort einfällt, sie Ihnen aber auf der Zunge zu liegen scheint, bitten Sie um Rückstellung der Frage. Ansonsten hat ein freundliches und offenes Auftreten gerade bei mündlichen Prüfungen schon oft zum besseren Ende geführt.

Nehmen Sie sich ruhig etwas zu trinken mit, aber fragen Sie vorher, ob dies erlaubt ist. Eine gewisse Nervosität wird Ihnen durchaus zugestanden, aber Vorsicht: Behalten Sie die Ruhe, denn dies wird auch von Ihnen bei Notfällen in der Praxis erwartet.

2.9 Fachaufsätze verfassen

Im Laufe der Ausbildung – meist zum Ende hin – kann es vorkommen, dass ein Dozent ein Fachaufsatz bzw. eine Facharbeit verlangt. Beide haben den pädagogischen Hintergrund, Auszubildende in Pflegeberufen an eine wissenschaftsähnliche Arbeitsweise heranzuführen, d. h., ein Thema wird aus fachlicher Sicht beleuchtet, dabei aber mit wissenschaftlichen Herangehensweisen bearbeitet.

Entweder wird dabei das Thema vom Dozenten vorgegeben, eine Themenliste vorgeschlagen oder das Thema frei zur Wahl gestellt. Häufig geht auch eine Fragestellung mit dem Arbeitsauftrag einher. Innerhalb vorgegebener Kriterien ist dann die Arbeit zu erstellen und auch pünktlich abzugeben.

2.9.1 Kriterien eines Fachaufsatzes

Der Abgabetermin ist klar datiert. Später abgegebene Arbeiten werden i. d. R. nicht angenommen.

Die äußere Form der Arbeit muss wissenschaftlichen Kriterien entsprechen. Ein Fachaufsatz, der mit der Hand geschrieben ist, keine Gliederung aufweist und nicht durchnummeriert ist, genügt nicht.

Weitere Kriterien:

- Die Arbeit liegt innerhalb des vorgegebenen Umfangs (z. B. 12 Seiten).
- Die Arbeit wird als Gebinde abgegeben, d. h., eine Loseblattsammlung wird nicht angenommen. Alle Seiten sind mit durchlaufenden Seitenzahlen versehen.
- Die vom Dozenten vorgegebene Schriftgröße wird eingehalten (i. d. R. zwischen 10 und 12 Punkt), ebenso Zeilenabstand (i. d. R. 1–1,5-fach) und Randgröße (i. d. R. 2,5–3 cm).

- Die Arbeit ist klar gegliedert und strukturiert, d. h., sie enthält Absätze, Haupt- und Nebenüberschriften. Ihr ist ein Inhaltsverzeichnis bzw. eine Gliederung mit Seitenzahlen vorgeschaltet.
- Abbildungen, Grafiken und Tabellen unterstützen den Text.
- Das abgegebene Manuskript verfügt über ein Deckblatt sowie abschließend über eine schriftliche Versicherung, die Arbeit persönlich und selbstständig erstellt zu haben.
- Die verwendete Literatur wird in einem Literaturverzeichnis angegeben.
- Jede wörtlich aus Fremdtexten übernommene Textstelle (Zitat) wird korrekt zitiert und die Quelle gemäß der geltenden Regeln genau benannt.

2.9.2 Inhaltsverzeichnis oder Gliederung?

Ein Inhaltsverzeichnis ist eine stichpunktartige Übersicht über einen Text, in der im Normalfall die Kapitelüberschriften wieder auftauchen. Jedem Kapitel ist dabei die entsprechende Seitenzahl zuzuordnen, um ein schnelles Nachschlagen zu ermöglichen.

Eine Gliederung ist feiner strukturiert. Sie geht üblicherweise bis zur dritten Gliederungsebene, in wissenschaftlichen Abhandlungen auch noch tiefer. Neben Kapitelüberschriften tauchen also noch zwei Unterebenen zusätzlich auf. Auch einer Gliederung müssen die Seitenzahlen zugeordnet werden. Erkundigen Sie sich beim Dozenten, ob er eine Gliederung verlangt.

Vorsicht Falle: Wenn Sie den Text vor dem Abgeben noch ändern (z. B. erweitern oder kürzen) und sich dadurch Kapitel und Unterkapital auf die nächste Seite verschieben, entsprechen Ihre Seitenzahlen in der Gliederung nicht mehr den wirklichen Seitenzahlen.

Beispiel einer Gliederung:
(Günstigstenfalls ist die Arbeit nach dem Dezimalsystem gegliedert)

Inhalt:		*Seite:*
Vorwort		*3*
Einleitung		*4*
1.	*Die Kindheit*	*6*
1.1	*Die Kindheit heute*	*6*
1.2	*Wesenszüge des Kindes*	*7*
1.2.1	*Erziehungsbedürftigkeit und Erziehbarkeit*	*8*
1.2.2	*Die Bezugsperson*	*9*
1.2.3.		
1.3 …		
2.		
…		
Zusammenfassung		*18*
Anmerkungen		*19*
Literaturverzeichnis		*20*
Anlagen		*22*
Erklärung		*32*

In diesem obigen Beispiel ist auch die Struktur einer wissenschaftlichen Arbeit erkennbar. Der Fachaufsatz kann ähnlich wie oben aufgebaut sein, abhängig von den Vorgaben des Dozenten und der Themenstellung. Zumindest sollte stets der Aufbau mit Einleitung – Hauptteil – Schluss erkennbar sein.

■ ***Aufgabe 22***

Schlagen Sie in Ihrem Pflege-Fachbuch das gerade im Pflegeunterricht bearbeitete Thema auf. Erstellen Sie nun die Gliederung zu diesem Thema, ohne es aus dem Inhaltsverzeichnis abzuschreiben.

2.9.3 Phasen des Fachaufsatzes

Jeder Fachaufsatz oder jede Facharbeit, auch jede wissenschaftliche Abhandlung oder Studie beginnt mit der Wahl des Themas. Insofern ist jenem Lernenden, der das Thema vorgegeben bekommt, bereits eine große Last genommen.

Themenfindung

Ist die Themenwahl frei, helfen möglicherweise folgende Fragen bei der Auswahl eines Arbeitsthemas:

- Welche Themen empfinde ich als Problem und suche Lösungen?
- Zu welchem Thema möchte ich Genaueres wissen?
- Ist das Thema unter den gegebenen Rahmen- und Zeitbedingungen bearbeitbar?
- Kann das Thema möglichst genau umrissen werden?
- Kann ich mich mit dem Thema identifizieren?

Der Fachaufsatz – eine Herausforderung mit hohem Lerneffekt

Betreuung

In Wissenschaftskreisen ist es üblich, den Studenten einen Betreuer für die Studienarbeit zur Seite zu stellen bzw. einen Betreuer selbst zu suchen. In der Fort- und Weiterbildung der Pflegeberufe unterstützen Projektbetreuer die Studierenden bei ihren Projektarbeiten. Diese Betreuer übernehmen eine Mentorenfunktion und beraten gemeinsam mit den Studierenden das Thema, die Ausarbeitung, die Erstellung etc. Nur eines machen Mentoren nicht: Sie schreiben nicht die Arbeit!

Ein Auszubildender der Pflege kann sich ebenfalls einen Betreuer suchen, der ihm nun mit Rat, nicht aber mit Tat, zur Seite steht. Dies kann ein erfahrener Kollege in der Ausbildungsstelle sein oder ein ehemaliger Schüler aus dem Vorjahreskurs der Pflegeschule, zu dem noch ein guter Kontakt besteht. Gemeinsam mit dem Betreuer wird das Thema verbindlich besprochen und gestellt, ebenso die weiteren Schritte geplant, Literaturtipps ausgetauscht usw. Damit ist der Betreuer dann vorerst wieder außen vor. Er taucht erst wieder zum Korrekturlesen der Arbeit auf.

Das Thema bearbeitbar machen

Jetzt wird das Thema in Fragen zerlegt. Dabei kann eine Hauptfrage ganz oben stehen, weitere Teilfragen unterteilen das Thema weiter. In der Folge werden zunächst die Teilfragen beantwortet, die wiederum zur Hauptantwort führen.

Beispiel

Eine Schülerin war von Dekubiti immer wieder geschockt. Ihr war es sehr wichtig, dass Patienten keinen Dekubitus erleiden. Daher entschloss sie sich zur Dekubitusprophylaxe als Fachaufsatzthema. Schnell musste sie feststellen, dass dieses Thema innerhalb der vorgegebenen zwölf Seiten nicht ausführlich genug bearbeitet werden konnte, zumal es ja auch den diesbezüglichen Expertenstandard gibt. Sie grenzte das Thema ein, indem sie sich auf die Hilfsmittel zur Dekubitusprophylaxe konzentrierte:

Hauptfrage: Welche Hilfsmittel sind zur Dekubitusprophylaxe geeignet?

- *Teilfrage: Welche Hilfsmittel zur Lagerung gibt es?*
- *Teilfrage: Welche Hilfsmittel zur Mobilisation gibt es?*
- *Teilfrage: Welche Hilfsmittel zur Hautpflege gibt es?*

In der darauffolgenden Literaturrecherche wurde sie schnell fündig.

Anstelle von Fragen kann ein Thema auch mit einer Behauptung (These) und unterteilten Teilthesen eingegrenzt werden:

Beispiel

Hauptthese: Nicht alle Hilfsmittel eignen sich zur Dekubitusprophylaxe.

- *Teilthese: Nicht alle Lagerungshilfsmittel sind geeignet.*
- *Teilthese: Mobilisation ist nur mit geeigneten Hilfsmitteln möglich.*
- *Teilthese: Hautpflegemittel schaden manchmal mehr als sie nutzen.*

■ *Aufgabe 23*

Grenzen Sie folgende Themen ein und finden Sie Haupt- und Teilfragen bzw. Haupt- und Teilthesen:

- *Sturzgefahr*
- *Sondenernährung*
- *Injektionen*
- *Qualitätssicherung*
- *Sterbebegleitung*

Material suchen, sammeln, auswerten und dokumentieren

Erst nach der Eingrenzung ist die konkrete Suche nach Literatur und Fachartikeln sinnvoll. Um eine tiefergehende Recherche kommt man nicht umhin. Das Internet (siehe nächstes Kapitel) bietet dazu zahlreiche Möglichkeiten. Die Recherche braucht Zeit. Sie werden viel Unnützes finden, aber auch viel Brauchbares. Das alles gilt es zunächst zu sammeln. Über die Lesetechnik (vgl. Kap. 2.6.2) trennen Sie beim Diagonallesen gleich die Spreu vom Weizen. Die übrigen Beiträge aus Fachbüchern oder Fachartikeln werten Sie jetzt ebenfalls über die Lesetechnik gezielt nach Ihren Fragestellungen aus. Sobald Sie einen lohnenswerten Beitrag gefunden haben, dokumentieren Sie auf einem eigens angelegten Literaturblatt die genaue Fundstelle einschließlich der Seitenzahl. Daraus wird später Ihr Literaturverzeichnis.

Thema bearbeiten

Suchen und formulieren Sie zunächst die Antworten auf die Teil- und Hauptfrage. Um Ihre Antworten zu belegen, bauen Sie direkte Zitate ein, die Sie entsprechend mit der korrekten Zitierweise und den Quellenangaben versehen. Siehe hierzu Kapitel 3.3. Es ist noch nicht an der Zeit, mit der schriftlichen Endfassung zu beginnen. Stellen Sie erst Ihre Gedanken und Belege zusammen und prüfen Sie, ob Sie dem Thema bzw. den Fragen gerecht werden. Erst wenn Sie zweifelsfrei Antworten liefern können, erfolgt die endgültige schriftliche Ausarbeitung.

Schriftliche Ausarbeitung

Das schriftliche Verfassen Ihrer Arbeit gelingt Ihnen umso besser, je klarer und deutlicher Ihre Gliederung ist. Der sprachliche Ausdruck des Fachaufsatzes bemisst sich nicht an literarischer Schönheit, sondern an der Klarheit und der fachlich-sachlichen Ausdrucksweise. Dass ein Fachaufsatz auch von Fachbegriffen durchsetzt ist, versteht sich von selbst. Verwenden Sie diese aber nur, wenn Sie sich zweifelsfrei der Bedeutung dieser Fachbegriffe sicher sind.

Vergessen Sie nicht, alle nicht von Ihnen selbst stammenden Textstellen entsprechend zu zitieren (Kap. 3.3). Copy and paste aus dem Internettext ohne Quellenabgabe verbieten sich ebenso wie das Abschreiben aus Fachbüchern oder Fachartikeln.

Vorwort

Das Vorwort kann, muss aber nicht verlangt sein. In einem Vorwort erklären Sie mit wenigen Sätzen, wie Sie auf das Thema gekommen sind, wie Sie es eingegrenzt oder worauf Sie einen besonderen Schwerpunkt gelegt haben.

Einleitung

Die Einleitung führt zum Thema hin. Hier können Sie kurz auf Ihre Fragestellungen oder Thesen verweisen und den Leser auf den folgenden Hauptteil vorbereiten. Der Umfang einer Einleitung beträgt etwa 10–15 % des Gesamttextes, bei einem 10-seitigen Gesamttext also maximal 1,5 Seiten.

Hauptteil

Im Hauptteil führen Sie nun Ihre vorbereiteten Texte und Belege aus. Jede Teilantwort bzw. Teilthese entspricht einem eigenen Gliederungspunkt. Bemühen Sie sich um einen logischen Aufbau Ihrer Ausarbeitung. Der Hauptteil umfasst ca. 75 % der Gesamtarbeit.

Zusammenfassung
Die Zusammenfassung stellt sozusagen den Schluss Ihres Fachaufsatzes dar. Hier sollten Sie die wichtigsten Gedanken und Argumente nochmals in aller Kürze vorbringen. Ein runder Abschluss gelingt Ihnen dann mit einem Ausblick in die Zukunft, einem passenden Zitat einer bedeutenden Person oder einer ganz persönlichen Meinung.

Anmerkungen
Anmerkungen ergänzen oder erklären bestimmte Sachverhalte, ungewöhnliche Vorgehensweisen oder Besonderheiten, die sich nicht aus dem Text ergeben (z. B. warum diese und keine andere Vorgehensweise ...?). Anmerkungen sind meist optional, sie müssen also nicht unbedingt angeführt werden, solange es keinen Erklärungsbedarf gibt.

Literaturverzeichnis
Hier listen Sie die verwendete Literatur auf, ebenso die Internetquellen. Die Reihenfolge ist i. d. R. alphabetisch nach den Nachnamen der Autoren geordnet. Anzugeben sind Autoren-Nachname, Autoren-Vorname, Buchtitel, Auflage, Erscheinungsort, Erscheinungsjahr. Siehe auch Kapitel 3.3.

Anlagen
Anlagen verdeutlichen einen Sachverhalt oder belegen ihn. Das können z. B. Muster eines Fragebogens sein, ein Protokoll, Grafiken etc. Anlagen sind oft zu umfangreich, um im Text noch aufgenommen zu werden. Sie werden in der Reihenfolge ihres Bezuges zum Text durchnummeriert. Im Text muss dann diese Nummer erscheinen (z. B. „Wie in Anlage 3 zu sehen ist ...“). Wichtig: Anlagen zählen nicht zum Textumfang. Machen Sie sich also keine Hoffnungen ...

Eidesstattliche Erklärung
Die Erklärung bildet den Schluss, die letzte Seite Ihres Fachaufsatzes. Hier werden Sie in die Verantwortung genommen, da Sie die Erklärung auch unterschreiben müssen.

Beispiel
Hiermit versichere ich, (Vor- und Nachname), diese Facharbeit selbstständig ohne fremde Hilfe angefertigt zu haben. Sämtliche Hilfen, Quellen und Zitate sind ordnungsgemäß benannt.

Datum, Unterschrift

Sie versichern, die Arbeit ohne fremde Hilfe *angefertigt* zu haben, d. h. verfasst zu haben. Das schließt nicht aus, dass Sie einen Betreuer hatten, der Sie vor dem Verfassen der Arbeit beraten hat oder vor der Abgabe noch einmal Korrektur gelesen hat. Das ist nicht nur erlaubt, sondern sogar üblich. Nur schreiben müssen Sie alleine!

Abgabe und Präsentation
Die Abgabe des Fachaufsatzes hat zwingend pünktlich zu erfolgen. Die pünktliche Abgabe ist Ausdruck von Verlässlichkeit und somit wiederum eine seriöse Anforderung an wissenschaftliche Arbeitsweisen.

Sollten wirklich ernst zu nehmende Gründe gegen eine pünktliche Abgabe stehen, so nehmen Sie bitte unbedingt rechtzeitig Kontakt zu Ihrem Dozenten auf. Sie brauchen allerdings wirklich stichhaltige und beweisbare Argumente, um einen Verlängerungstermin zu erhalten. Wenn Sie fünf Tage vor Abgabetermin anfangen und merken, das ist nicht zu schaffen, dann erhalten Sie bei Vorlage einer Arbeitsunfähigkeitsbescheinigung allerhöchstens eine Verlängerung um die Dauer der Erkrankung.

Der Abgabetermin eines Fachaufsatzes ist zwingend einzuhalten. Beginnen Sie daher rechtzeitig und planen Sie die Arbeit in Ihrem Zeitplan großzügig ein.

Die Präsentation ist die der schriftlichen Ausfertigung folgende mündliche Darstellung. Hierzu genügt es nicht, nur Auszüge aus der Arbeit vorzubringen. Eine anspruchsvolle Präsentation will durchdacht sein. Siehe hierzu Kapitel 4.

Bilder lockern Ihren Fachaufsatz auf

Abbildungen, Fotos, Grafiken einbauen

Jeder Fachaufsatz lebt auch von seiner gekonnten Illustration. Es steht Ihnen frei, zur Unterstützung der Textaussage auch Abbildungen, Grafiken oder Fotos einzubinden. Diese sollten allerdings schon mehr Bedeutung haben, als nur eine Seite aufzufüllen. Die Aussage einer Abbildung oder eines Fotos soll die Textaussage verdeutlichen oder untermalen.

Manche Dozenten rechnen Fotos oder Abbildungen nicht zum Umfang des Fachaufsatzes hinzu. Bei 10 oder 12 Seiten Text noch 8 bis 10 Fotos einzubauen, heißt demnach, die Seitenzahlvorgabe um den Umfang der Fotos zu erweitern.

Eigene Fotos erstellen: Eigene Fotos zu erstellen und einzubauen ist der Königsweg. Sie bekommen so genau die Motive, die Sie erhalten wollten. Zu beachten sind allerdings einige Grundregeln:

Anforderungen an eigene Fotos	
Größe und Auflösung	Das Foto benötigt eine Größe von mind. 1 MB, wenn es in entsprechend guter Qualität in Postkartengröße aus dem Drucker kommen soll. In Bildbearbeitungsprogrammen ist dabei die Auflösung auf 300 dpi (dots per inch) einzustellen, sonst zeigen sich unansehnliche Pixel. Sie benötigen dazu eine Digitalkamera bzw. ein Smartphone mit mind. 3 Megapixel
Schärfe	Nichts verunstaltet ein Foto mehr als eine das Hauptmotiv überziehende Unschärfe. Es sei denn, sie wollen künstlerische Aspekte berücksichtigen. Achten Sie also darauf, dass das Hauptmotiv scharf genug abgebildet ist. Schießen Sie zur Sicherheit mehrere Fotos.
Belichtung	Viele Bilder werden im Gegenlicht, z. B. gegen eine Fensterfront geschossen. Dadurch wird der Hintergrund über-, das Hauptmotiv vorne aber unterbelichtet. Schalten Sie in solchen Situationen das interne oder externe Blitzgerät hinzu, es hellt den Vordergrund auf, sodass das Hauptmotiv wieder erkennbar wird. Beachten Sie aber generell die korrekte Belichtung auf den Fotos. Schießen Sie ruhig ein paar Fotos mehr aus verschiedenen Blickwinkeln.

Anforderungen an eigene Fotos	
Property Release	Property und Model Release sind notwendig, wenn Sie Fotos nicht mehr privat verwenden, sondern in einen öffentlichen Zusammenhang bringen; Ihren Fachaufsatz also in der Hauszeitung, Fachzeitschrift oder im Internet veröffentlichen, weil er so gut gelungen ist oder die Fotos ausstellen wollen. Die Property Release ist die Genehmigung eines Grund- oder Hauseigentümers, der Ihnen damit erlaubt, die Fotos auf seinen Grund und in seinem Haus zu erstellen und sie dann auch zu veröffentlichen. Falls Sie also Fotos aus der Klinik oder dem Pflegeheim für den Fachaufsatz o. ä. verwenden wollen, fragen Sie bitte vorher Ihren Arbeitgeber um Erlaubnis.
Model Release	Hier geht es um Persönlichkeitsrechte, die gesetzlich noch höher bewertet werden als die Property Release. Jede auf einem Foto erkennbare Person muss mit der Verwendung des Fotos im öffentlichen Bezug einverstanden sein. Patienten bzw. Bewohner müssen also nicht nur gefragt werden, sie müssen auch deutlich schriftlich ihr Einverständnis zum Ausdruck bringen. Dabei ist auch der Zweck des Fotos zu erwähnen.

Fremdfotos oder Abbildungen verwenden: Fotos aus Fachbüchern, Fachliteratur oder dem Internet (!) unterliegen genauso dem Urheberrecht wie andere (Kunst-)Werke auch. Sie dürfen also nicht einfach in einen Fachaufsatz integriert werden. Zu jedem Foto, jeder Grafik, jeder Abbildung ist deshalb ebenso eine Quellenangabe anzugeben wie bei einem Textzitat. Anstelle des Autors ist dabei der Fotograf, soweit bekannt, zu nennen. Kann der Fotograf nicht benannt werden, muss die Quellenangabe das Werk bzw. die Internetseite beinhalten. Kommt es zur Veröffentlichung des Fachaufsatzes, wird es noch komplizierter: Es muss für jedes Foto oder jede Abbildung, das bzw. die Sie nicht selbst gefertigt haben eine Abdrucklizenz beim Verlag bzw. beim Fotografen selbst erfragt werden. Manche Verlage oder Fotografen verweigern diese, andere verlangen entsprechende und teils auch horrende Lizenzgebühren. Fakt ist: Ohne direkte schriftliche Zustimmung darf kein Fremdfoto veröffentlicht werden.

Vorsicht bei Fotos – es gilt, Persönlichkeits-, Eigentums- und Urheberrechte zu achten

■ ***Aufgabe 24***

Versuchen Sie im pflegepraktischen Unterricht bei Übungen in Absprache mit Ihrer Lehrkraft, aussagekräftige und einwandfrei scharfe sowie gut belichtete Fotos zu schießen. Die Fotos sollen das Thema des gerade stattfindenden Pflegeunterrichts deutlich hervorheben. Sie können diese Aufgabe steigern: Veranstalten Sie einen klasseninternen Fotowettbewerb …

3 Informationsbeschaffung

3.1 Internet

Dank moderner Technologien ist Informationsbeschaffung heutzutage so leicht wie nie.

Die Beschaffung von Informationen ist heutzutage in Zeiten des World Wide Web kein schwieriges Unterfangen mehr. Über verschachtelte Suchmaschinen gelangt man an nahezu jede benötigte Information. Zudem leisten Websites wie Wikipedia oder fachorientiert auch www.pflegewiki.de wertvolle Hilfestellungen für den Lernalltag. DVDs oder Blue Ray Discs liefern mittlerweile atemberaubende Einsichten in Vorgänge des menschlichen Körpers und helfen bei der Visualisierung von Lernstoff durch professionelle Animationen oder Videosequenzen. Youtube.com liefert nicht nur millionenfach angeklickte Funvideos, sondern bereits eine beachtliche Sammlung an pflegefachspezifischen Videos. Über Smartphones und iPads sind diese Informationen in den meisten Teilen unseres Landes auch noch mobil verfügbar, sodass eine schnelle und zeitnahe Informationsbeschaffung möglich ist.

3.1.1 Datenbanken

Internetgestützte Datenbanken lassen sich zu bestimmten Themen durchsuchen. Beispiel: die Datenbank WISE[1] birgt wissenschaftliche Schriften aus den Pflegebereichen.

Benötigen Sie zuverlässige und auf wissenschaftlicher Basis beruhende Informationen, führt kaum ein Weg an einer seriösen Datenbank vorbei. Auf den üblichen Suchmaschinen laufen Sie Gefahr, unzuverlässige und nicht verifizierte Informationen zu bekommen. Nutzen Sie die Suchmaschinen nur für die Suche nach Datenbanken.

■ *Aufgabe 25*

(Für diese Aufgabe muss Ihre Lehrkraft kooperieren, oder Sie lösen sie außerhalb des Unterrichts.)

- *Suchen Sie im Internet Informationen zu dem aktuellen Lernfeld aus der Pflegepraxis, das Sie gerade im Unterricht bearbeiten. Zeigen Sie Ihre Ergebnisse der gesamten Gruppe.*
- *Suchen Sie Visualisierungsmaterial wie Bilder oder Filme, z. B. auf Youtube, und präsentieren Sie diese Ihrer Klasse.*

3.1.2 Wichtige Hinweise:

Löschen Sie regelmäßig Ihre Internetspuren über Ihren Webbrowser. Google kann z. B. anhand der eingegebenen Suchbegriffe eindeutige Userprofile anlegen. Achten Sie auch darauf, wo Sie persönliche Daten oder Kontoverbindungen bzw. Kreditkartennummern eingeben müssen. Eine Website, die nicht in der Adresszeile Ihres Browsers mit https beginnt oder ein Schlosssymbol anzeigt, ist unsicher und ausspähbar. Eine aktuelle Virensoftware, Firewall oder eine allgemeine Internet Security Software verstehen sich von selbst!

[1] *http://wise.dip.de/*

Verwenden Sie zur Internetrecherche nicht nur Google. Es gibt auch andere Suchmaschinen, die weniger, aber oft treffendere Suchergebnisse und vor allem gesicherte Ergebnisse vorweisen, z. B. die Suchmaschine MetaGer[1] der Leibniz Universität Hannover.

3.1.3 Kriterien zur Überprüfung geeigneter Internetinhalte

Nicht alles, was das World Wide Web ausspuckt, ist für die Verwendung in Fachaufsätzen o. ä. geeignet. Viele Texte sind sehr subjektiv eingefärbt und haben keinen wissenschaftlichen bzw. seriösen Hintergrund. Nehmen Sie sich die Zeit, die aufgerufene Website kritisch auf folgende Punkte zu überprüfen, sofern sie nicht augenscheinlich von einer amtlichen (z. B. Robert-Koch-Institut) oder wissenschaftlichen Institution (z. B. Universität) stammt:

Worauf achten bei der Internetrecherche?	
Ist ein Autor angegeben?	Nicht gekennzeichnete Beiträge sind nicht seriös. Achten Sie auch darauf, ob neben dem Namen des Autors auch seine Qualifikation genannt ist.
Ist die Zielgruppe erkennbar?	Laien oder Professionelle?
Ist der Text verständlich?	Es gibt auch schwer verständliche wissenschaftliche Texte, die sich ggf. ebenso wenig für Ihren Fachaufsatz eignen.
Ist Werbung auf der Seite geschaltet?	Achten Sie auf eine Trennung zwischen beworbenem Produkt und dem Textinhalt. Sind Produkt und Werbung thematisch identisch, besteht der Verdacht eines nicht objektiven Textes!
Ist ein Text mit Quellen hinterlegt?	Seröse Texte sind mit Zitaten und Quellenangaben versehen.
Ist die Website gut illustriert?	Gekonnt gemachtes Webdesign spricht im Allgemeinen für Professionalität.
Ist die Website verlinkt?	Achten Sie auch auf die Links auf der Website. Führen diese ebenfalls zu seriösen Partnern oder Institutionen?

Vergleichen Sie immer mehrere Websites miteinander, bevor Sie thematische Aussagen oder Textpassagen übernehmen. Oftmals stoßen Sie auch auf ähnliche oder wortgleiche Inhalte ohne Quellenangaben, was ein Hinweis auf regelwidrigen Umgang mit Datenmaterial sein könnte.

[1] *www.metager.de*

3.2 Fachliteratur

3.2.1 Fachbücher

Doch die Welt besteht auch noch aus Printmedien. Fachliteratur ist über Internetanbieter, z. B. Amazon, innerhalb nur weniger Tage zu beziehen. Das Internet bietet hierbei auch die Möglichkeit, nach Registrierung und ggf. Entrichtung von geringen Gebühren gute seriöse Fachbücher per Fernleihe zu bestellen. Fernleihstellen erfahren Sie über die einschlägigen Universitäten und Bibliotheken oder wieder über eine Suchmaschine.

3.2.2 Fachzeitschriften

Fachzeitschriften für den Pflegemarkt haben in den letzten Jahren den Markt regelrecht überschwemmt und sind mittlerweile für alle Pflegedisziplinen verfügbar. So kann jede Fachrichtung, z. B. die Demenzbetreuung, die entsprechenden einschlägigen Informationen monatlich oder quartalsweise beziehen.

Fachzeitschriften haben den Vorteil, dass sie im Gegensatz zu Fachbüchern aktuell auf Neuigkeiten aus dem Pflegemarkt reagieren können und so die Pflegenden mit den neusten Nachrichten versorgen können. Während Fachbücher mit mehreren hundert Seiten eine Auflagendauer von etwa 3–4 Jahren haben, können die Redakteure der Fachzeitschriften ihre Leser aktuell in der nächsten Monatsausgabe informieren.

Der Bezug mindestens einer Fachzeitschrift sollte für Pflegeprofis eine Selbstverständlichkeit sein.

Die Kosten variieren je nach Pflegeschwerpunkt. Im Vergleich zu den allgemeinen Pflegefachzeitschriften sind Spartenfachzeitschriften wegen der geringeren Auflage etwas teurer. Eine Übersicht über die meisten auf dem Markt befindlichen Fachzeitungen erhalten Sie auf www.fachzeitungen.de.

Die gängigsten monatlichen Zeitschriften für die Altenpflege sind

- Altenpflege (Vincentz Network)
- Häusliche Pflege (Vincentz Network)
- Die Pflegezeitschrift (Kohlhammer Verlag)
- Die Schwester/Der Pfleger (Bibliomed Med. Verlagsgesellschaft)

Informieren Sie sich über die gängigsten monatlichen Zeitschriften für die Altenpflege.

Die Schwester/Der Pfleger bietet gegen einen Aufpreis auch eine Webversion mit der Möglichkeit der Datenrecherche sowie das interessante Portal www.station24.de. Auch bei anderen Verlagen finden Sie Newsletter, aktuelle Nachrichten und andere wissenswerte Zusatzinhalte auf den jeweiligen Websites der Verlage.

Stützen Sie sich bei Recherchen für eine Facharbeit o. ä. auf seriöse Quellen. Wenn Sie Zitate aus den Fachzeitungen benutzen, gehen Sie einen sicheren Weg, vorausgesetzt, Sie geben die Quellen korrekt an.

3.3 Grundregeln des Zitierens

Nicht erst seit dem Rücktritt eines bundesdeutschen Verteidigungsministers wegen einer Doktorarbeit mit nicht ausreichend belegten Zitaten ist das Thema „Wie zitiere ich richtig?" wieder aktuell geworden. Seriöse und wissenschaftliche Arbeiten stützen sich auf verlässliche Quellenangaben. Wenn Sie also für den Unterricht, ein Referat oder eine schriftliche Abhandlung wörtliche Passagen aus einem Buch oder einer Fachzeitschrift übernehmen, sind Sie sowohl im Sinne des Urheberrechts als auch im Sinne der wissenschaftlichen Redlichkeit zur genauen Angabe der Quelle verpflichtet.

Die Angabe einer Quelle gilt auch für Fotos oder Abbildungen! Seien Sie deshalb vorsichtig mit Bildern aus dem Internet, die Sie übernehmen und dann weiter veröffentlichen.

Grundregeln des Zitierens:

- In die eigene wissenschaftliche Arbeit übernommene und eingearbeitete Zitate sind kenntlich zu machen!
- Zitieren Sie genau und zutreffend – Ihre Quellenangabe könnte überprüft werden!
- Zitieren Sie vollständig und reißen Sie ein Zitat nicht aus dem Zusammenhang!

Technik des Zitierens:

- Aus Büchern: Nachname, Vorname des Autors/Herausgebers (bzw. der Autoren/Herausgeber), Titel des Buches, Auflage des Buches, Erscheinungsort, Erscheinungsjahr, Seite des Zitats

Beispiel
Berga, Joachim; Pangritz, Rüdiger: Pflegedokumentation in Ausbildung und Praxis, 3. Auflage, Köln, 2011, Seite 112

- Aus Sammelwerken: Nachname, Vorname des Verfassers (bzw. der Verfasser), Titel des Beitrags, Titel des Sammelwerks, Herausgeber, Auflage, Erscheinungsort und -jahr, Seitenumfang des Beitrags, Seite des Zitats
- Aus Zeitschriftenartikeln: Name und Vorname des Verfassers/der Verfasser, Titel des Aufsatzes, Titel der Zeitschrift, Jahrgang der Zeitschrift, Erscheinungsjahr der Zeitschrift, Heftnummer der Zeitschrift, Seitenumfang des Beitrags, Seite des Zitats

- Aus „grauen“ Papieren“[1]: Name und Vorname soweit bekannt (auch möglich: „Unbekannt“ = N. N.), Titel des Beitrags, Titel des Papiers, Erscheinungsort und -jahr (falls unbekannt: o. O. = ohne Ort, o. J. = ohne Jahr).
- Aus dem Internet: Name und Vorname des Autors/der Autoren, Titel des Beitrages, Adresse der Homepage und ggf. kompletter Pfad der Website, Datum des letzten Aufrufes
- Aus CD-ROM oder DVD: Siehe Buchzitat bzw. Sammelwerk, zusätzlich kompletten Pfad auf der CD-ROM oder DVD anstelle der Seitenzahl
- Aus Gesprächen/Interviews: Name des Aufzeichnenden, Gesprächspartner, Ort der Aufzeichnung, Datum der Aufzeichnung, Art der Aufzeichnung (z. B. Tonbandprotokoll, Mitschrift ...)

Wohin mit der Quellenangabe?
Die Quellenangabe kann entweder als Fußnote auf der gleichen Seite in der Fußzeile stehen, oder alle Quellen werden durchnummeriert und am Ende der Arbeit chronologisch zur dazugehörigen Nummer aufgelistet.

Konsequenzen einer unzureichenden Zitierweise
Nun werden Sie nicht gleich Minister sein und zurücktreten, aber an Glaubwürdigkeit und Zuverlässigkeit verlieren Sie in höchstem Maße, auch schon in der Ausbildung!

Wer übernommene Textstellen nicht deutlich als Fremdtext herausstellt und seine Arbeit auch noch veröffentlicht, macht sich aus rechtlicher Sicht eines Plagiats (Diebstahl geistigen Eigentums) schuldig. Dies kann im Ernstfall auf der professionellen Ebene erhebliche Geldbußen im fünf- bis sechsstelligen Bereich nach sich ziehen. Auf der wissenschaftlichen Ebene kann ein akademischer Grad wieder aberkannt werden. Ein Fälscher verliert zudem seine Reputation (Ruf, Leumund), was wiederum zu deutlichem finanziellem und sozialem Verlust führt.

[1] *Graue Papiere nennt man in den Umlauf gebrachte Skripte ohne Verlagsbezug. Dies können Flugblätter oder auch Unterrichtsskripte sein.*

4 Präsentation und Vortrag

Büsra Yildirim hat eine schlaflose Nacht hinter sich. Ihre lange vorbereitete Präsentation über die Hautpflege in ihrer Klasse steht an. Tagelang hat sie im Internet recherchiert, Fachbücher gewälzt und Fachzeitschriften gelesen. Daraus hat sie nun eine PowerPoint-Präsentation vorbereitet, obwohl sie eigentlich mit dem Programm nicht so gut umgehen kann. Auch die Technik bereitet ihr Sorgen, und so lässt sie sich von ihrem Mitschüler Helmut dessen Laptop an den Beamer anschließen. Helmut tut, was er kann, steckt den USB-Stick in das Notebook, die erste Folie leuchtet auf. Es vergehen noch einige Minuten, bis der Lehrer den Vortrag freigibt. Mit zittriger Stimme beginnt Büsra und stellt ihr Thema vor. Gerade als ihre Stimme an Festigkeit gewinnt und sie auf die zweite Folie umschaltet, wird der Bildschirm des Notebooks schwarz. Helmut hatte vergessen, das Netzteil anzuschließen, nun ist der Akku leer. Büsra ist mit ihren Nerven am Ende und bricht nach wenigen Schrecksekunden in Tränen aus ...

In jeder Ausbildung kommt der Moment, in dem ein Schüler vor Zuhörern steht und ein Referat hält oder eine Präsentation vorführt. Wer unsicher auftritt oder sich schlecht vorbereitet und mit Medien nicht umzugehen weiß, erzielt nicht die gewünschten Ergebnisse und erntet vielleicht auch noch den Spott der Zuhörer. Nervosität hingegen ist nicht nur normal, sondern signalisiert den Zuhörern auch die Ernsthaftigkeit eines Vortrages. Insofern wird man dem Vortragenden nicht nur verzeihen, sondern ihn auch ermuntern. Ist man sich der Fallstricke eines Vortrages bewusst, kann man sie auch umgehen.

4.3 Grundregeln und Tipps für Vortrag, Referat und Präsentation

- Bereiten Sie sich immer gut vor und spielen Sie Ihren Vortrag zu Hause, möglichst im kleinen, privaten Zuschauerkreis mehrmals durch. Berücksichtigen Sie die Einwände der Zuschauer. Sie haben einen anderen Blickwinkel und geben Ihnen wertvolle Hinweise!
- Benutzen Sie kein Medium, das Sie nicht sicher beherrschen oder dem Sie vom Gefühl her mit Respekt begegnen. Eine Präsentationssoftware liefert tolle Effekte, Sie können auch Film und Ton einbauen. Aber die ganze Wirkung verpufft peinlich, wenn Sie hilflos vor der Technik stehen. Anstelle der modernen Medien können Sie ebenso gut Plakate, ein Flipchart oder die Tafel benutzen. Wenn diese ansehnlich und kreativ gestaltet und für den Zuschauer gut lesbar sind und Sie mitreißende Vortragsmethoden anwenden, wirkt Ihr Vortrag weitaus professioneller und ist mindestens ebenso effektiv.
- Überlegen Sie sich im Vorfeld, wo und wie Sie am besten bei Ihrer Präsentation stehen. Sie müssen wortwörtlich einen Standpunkt einnehmen.
- Bauen Sie Blickkontakt auf und halten Sie immer wieder den Kontakt zu Ihren Zuschauern. Das gelingt Ihnen aber nur, wenn Sie die Vortragsinhalte bestens kennen und nicht nur an einem Skript hängen. Deshalb gilt nochmals: üben, üben, üben ... Bedenken Sie, wie lange Schauspieler ihren Text lernen und ihre Darstellung üben müssen.
- Achten Sie auf eine gepflegte Kleidung, die dem Zuhörerkreis entspricht. Seien Sie sich bewusst, dass jede Kleinigkeit auffällt. Akzeptieren Sie bereits im Vorfeld, dass Sie von den Teilnehmern ständig beobachtet werden.

- Setzen Sie gezielt Ihre Mimik und Gestik ein. Bedenken Sie, dass über die Körpersprache der Großteil der Informationen transportiert wird. Eine verarmte Gestik und eine starre Mimik lassen vermuten, dass Ihnen das Thema überhaupt nicht liegt. Setzen Sie ein Lächeln ein – das öffnet Türen. Versuchen Sie, auch eine öffnende Gestik mit einzubringen: Ihre Handfläche zeigt offen nach oben, die Hände gestikulieren nicht wild in den Raum, auf Zuschauer wird nie mit dem Finger, sondern wenn nötig mit einer einladenden Handbewegung gezeigt.
- Falls Sie Ihre Hände nicht unter Kontrolle haben: Ergreifen Sie das Manuskript oder die Moderationskarten, nehmen Sie einen Zeigestab, Teleskopkugelschreiber oder Laserpointer in die Hand und benutzen Sie diese Hilfsmittel.
- Gewöhnen Sie sich auch eine offene und aufrechte Körperhaltung an. Sprechen Sie beim Vortrag nicht mit der Leinwand oder der Tafel, sondern wenden Sie sich in jeder Phase gezielt den Zuschauern zu. Müssen Sie Inhalte von einer Projektionsfläche oder Tafel im Rücken ablesen, wenden Sie nur den Kopf, nie den ganzen Körper. Das sieht nach Flucht aus. Sie können Ihre Unruhe während des Vortrages auch durch langsames Gehen abbauen. Gehen Sie vorsichtig auf Zuschauer zu, aber halten Sie eine natürliche Distanz.

Moderationskarten können bei Nervosität hilfreich sein

- Beachten Sie Ihre Lautstärke. Dauerhaft wirkt eine leise Aussprache unsicher, lautes Sprechen wird als aufdringlich empfunden und eine gleichbleibende Lautstärke führt zur Ermüdung der Teilnehmer. Variieren Sie die Lautstärke. Das gibt Ihren Ausführungen die notwendige Dynamik. Bedenken Sie auch, deutlich zu sprechen.
- Medienwechsel beleben den Vortrag. Nutzen Sie mehrere Medien und schaffen Sie so optische Abwechslung. Eine Vortragsgliederung könnte beispielsweise an die Tafel oder auf den Flipchart geschrieben werden, während der eigentliche Vortrag über den PC und Beamer läuft.
- Methodenwechsel bieten reichhaltige Abwechslung. Spielen Sie ggf. gemeinsam mit einem Mitschüler ein kurzes Rollenspiel durch, befragen Sie die Zuschauer nach ihrer Meinung zu einem bestimmten Thema, binden Sie die Zuschauer mit ein.
- Bereiten Sie zum Abschluss ein Handout vor. Darin sind die wichtigsten Punkte des Vortrags auf einer oder wenigen Seiten zusammengefasst. Das signalisiert den Zuschauern, dass Sie an sie gedacht haben, und wird honoriert werden. Das ganze Vortragsskript oder die Präsentation sollten Sie nicht inflationär verteilen, sondern nur auf einzelne Nachfragen weitergeben. So können Sie auch feststellen, wie tiefgehend das Interesse oder die Resonanz auf Ihren Vortrag waren.
- Notieren Sie sich nach dem Vortrag kurz, was Ihnen selbst an sich aufgefallen ist und welche Rückmeldungen Sie erhalten. Bewahren Sie Ihre Notizen gut auf – für den nächsten Vortrag brauchen Sie sie wieder.

4.4 Präsentationsmedien und -technik

Entscheidend für das Gelingen eines Vortrages oder einer Präsentation sind:

- sicheres Auftreten, sichere und wechselnde Stimme (s. o.)
- Methodenwechsel
- guter Inhalt mit rotem Faden und Spannungsbogen
- sicherer Umgang mit der Präsentationstechnik
- kreativer Einsatz von Medien

Medien im Sinne eines Vortrages haben den Auftrag, Inhalte zu verdeutlichen und zu veranschaulichen und als Brücke zwischen dem Vortragenden und dem Publikum zu dienen.

4.4.1 Das Plakat

Das Plakat ist die älteste Form eines Mediums. Vor dem Zeitalter moderner Massenmedien hat man die Bevölkerung mithilfe von Anschlägen in Plakatform an der Kirchentür (vgl. die Thesen von Luther, die er an die Tür der Schlosskirche von Wittenberg nagelte), am Rathaus oder anderen Informationspunkten über wichtige Angelegenheiten in Kenntnis gesetzt. In der Reklame findet sich das Plakat z. B. an Werbewänden oder Litfaßsäulen.

Das Plakat hat auch in der modernen Medienwelt seine Berechtigung. Es kann relativ einfach hergestellt und – auch von Hand – kreativ gestaltet werden. Man ist vor allen Dingen nicht von einer Technik oder von elektrischer Energie abhängig. Ein Plakat funktioniert immer!

Plakatgestaltung

Gestalten Sie ein Plakat mit Farben. Sie können dazu dicke Filzstifte, aber auch Wasser-, Acryl- oder Plakafarben verwenden. Je wasserhaltiger die Farbsubstanz ist, desto fester muss das Plakatpapier sein, um ein Einreißen oder Aufweichen des Papiers zu verhindern. Die Plakaterstellung mit dünnen Schreibstiften ist wenig empfehlenswert, da die dünnen Striche aus mehr als drei Metern Entfernung schlichtweg nicht mehr gesehen werden können. Wird das Plakat für einen Vortrag im Klassenraum verwendet, sollte eine Schriftgröße etwa in Handbreitengröße gewählt werden. Damit stellen Sie sicher, dass es auch in der letzten Reihe noch lesbar ist.

Falls Sie Bedenken hinsichtlich Ihrer Handschrift haben, bemühen Sie sich um eine Blockschrift oder wenden Sie folgenden Trick an: Fragen Sie Ihre Schulleitung, ob sie nach dem Unterricht noch den Overheadprojektor zu einer Übung benutzen dürfen. Projizieren Sie eine Overheadfolie aus geringer Entfernung (ca. 1 m) an die Wand, aber fixieren Sie dort vorher das leere Plakat, am besten mit ablösbarem Klebepads. Richten Sie den Projektor so ein, dass die abgebildete Folie nun etwa die Größe Ihres Plakats hat. Nun können Sie in aller Ruhe Schriften oder auch Abbildungen mit hoher Detailgenauigkeit auf das Plakat abmalen oder abzeichnen.

Gestalten Sie mit Übersicht und richten Sie das Schriftbild an einer imaginären linksbündigen vertikalen und mehreren horizontalen Linien aus, die Sie ggf. mit Bleistift vorgezeichnet haben. Entscheidend ist, dass die Schriftlinie nicht nach rechts unten abkippt.

Mit bunten Post-It®s können Sie Ihr Plakat strukturieren

Die Größe des Plakats sollte mindestens dem DIN A2-Format (= 4 · DIN A4) entsprechen, besser noch größer. Kleinere Plakate haben keine plakative Wirkung mehr.

Ein Plakat kann jedoch nur mit modernen Medien konkurrieren, wenn die Zuschauer erkennen, dass es nicht interesselos hingekritzelt, sondern mit erkennbarer Mühe erstellt wurde.

Das Flipchart – unverzichtbar in der modernen Moderationswelt

Zweck des Plakats

Ein Plakat kann als sich entwickelnder Anschrieb oder als bereits fertig beschriebenes Medium eingesetzt werden. Es eignet sich überall dort, wo wichtige Inhalte während eines Vortrages ständig sichtbar sein sollten, z. B. die Gliederung eines Vortrags. Geeignet ist es auch für Vortragende, die sich mit elektrischen/elektronischen Medien nicht anfreunden können.

4.4.2 Das Flipchart

Das Flipchart gleicht in seinem Aussehen einem überdimensionierten Notizblock und ist heutzutage aus der Welt der Präsentationen nicht mehr wegzudenken.

Flipchartpapier ist zumeist 100 · 70 cm groß und hat eine Lochung am oberen Rand, in die die Zapfen des Flipchartständers gesteckt werden. Das Papier wird mit dicken Filzschreibern beschrieben und kann an der Perforation abgetrennt oder einfach nach hinten geblättert werden. Auch Flipcharts ermöglichen einen Anschrieb während des Vortrags und die schnelle Herstellung von Plakaten. Für das Flipchart spricht seine Vielseitigkeit, nachteilig allerdings sind die teils doch sehr kostenträchtigen Flipchart Papiere.

4.4.3 Die Metaplanwand oder Pinnwand

Die viel genutzte Pinnwand erfreut sich im Präsentationssektor großer Beliebtheit. Metaplantafeln finden hauptsächlich in Gruppenarbeiten ihren Einsatz, indem sie die schnelle Präsentation von Gruppenarbeitsresultaten ermöglichen. Mit Packpapier bespannt, bieten sie eine große Visualisierungsfläche und eignen sich sowohl zur Präsentation vorbereiteter Darstellungen als auch zur prozessbegleitenden Entwicklung während der Moderation mit Moderationskarten, die von den Teilnehmern beschriftet und geordnet werden. Als nachteilig erweist sich auch hier das ziemlich teuere Moderationsmaterial mit Pinnnadeln, Moderationskarten, Packpapier, Filzschreiber etc., zumal der Materialverbrauch besonders bei Gruppenarbeiten sehr hoch ist.

4.4.4 Elektrische/elektronische Medien

Ein Klassenzimmer ohne Beamer ist heutzutage kaum mehr vorstellbar. Verblüffend sind die Effekte, die mittels eines Beamers dem PC oder Notebook über die Präsentationssoftware zu entlocken sind. Selbst die Wiedergabe von DVDs oder auf USB-Sticks abgespeicherten Filmen ist problemlos.

Ein Beamer visualisiert die PC- oder Notebookinhalte

So vielfältig und spektakulär die Einsatzmöglichkeiten auch sind – ein Vortrag kann schnell platzen, wenn evtl. Materialien wie Übertragungskabel fehlen oder defekt sind. Achten Sie insbesondere bei mobilen Systemen auf die Vollständigkeit aller Verbindungsstecker und -kabel. Testen Sie das System Notebook–Beamer unbedingt vor Ihrem Vortrag. Achten Sie auf geladene Akkus oder einen funktionierenden Stromanschluss ebenso wie auf Verdunkelungsmöglichkeiten.

Wenn Sie mit einem sogenannten Presenter arbeiten (eine Fernbedienung für Präsentationssoftware mit eingebautem Laserpointer), üben Sie bitte unbedingt den Umgang damit. So manch Vortragender hat sich durch häufiges Verdrücken schon ziemlich blamiert.

Lernen Sie vor allem aber auch die Softwaretücken kennen. Durch Übertragung mittels USB-Sticks auf einen PC/Notebook kann es infolge unterschiedlicher Versionen ein und derselben Software auch zu veränderten Effekten kommen. Testen Sie dies unbedingt vorher aus, solange noch Zeit ist, die Software anders zu konfigurieren.

Die Kombination Beamer–PC/Notebook sollte stets rechtzeitig getestet werden.

Der Overhead-Projektor (OHP)

Der Overheadprojektor, auch Tageslichtprojektor, Polylux oder Tageslichtschreiber genannt, projiziert Schrift, Grafik oder Bild von einer transparenten Folie auf eine Projektionsfläche. Die verwendeten Overheadfolien können je nach Art mit Tintenstrahl- oder Laserdruckern bedruckt werden oder als spezielle hitzebeständige Kopierfolie auch in einem Kopiergerät vervielfältigt werden. Selbst hoch aufgelöste Fotos können dank moderner Tintenstrahltechnologie mit vielen Details visualisiert werden. Der Vortrag mit einem OHP will gut organisiert sein, damit der Vortragende bei zahlreichen Folien nicht durcheinander gerät. Die Herstellung der Folien ist mit PC und der o. g. Drucktechnik nur durch die individuelle Kreativität begrenzt.

Nummerieren Sie Ihre Folien durch – umso schneller lassen sie sich auffinden, und Sie können jederzeit zu einem bestimmten Punkt Ihres Vortrages zurückkehren. Durch die sogenannte Overlay-Technik können Sie mehrere Folien (max. vier, dann wird das Bild zu dunkel) ergänzend übereinander legen und einen sich entwickelnden Vortrag lebhaft gestalten.

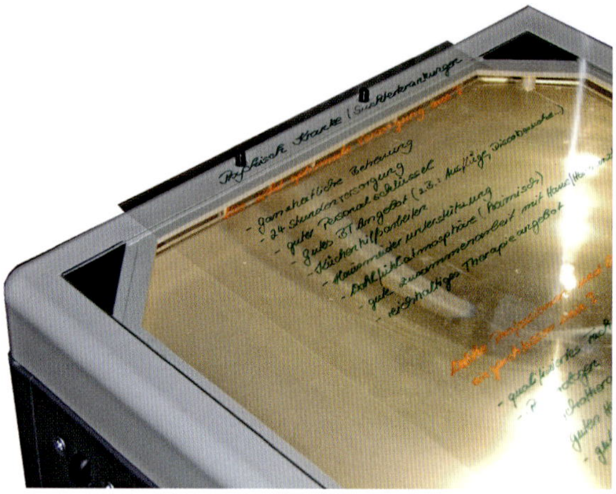

Richtstifte ermöglichen eine gerade ausgerichtete Präsentation

Die meisten Geräte verfügen an der Oberseite über zwei Richtstifte, die versenkt werden können. Die Stifte haben den genormten Abstand einer Aktenlochung. Sie können also an der Oberseite Ihrer Folien eine mittige Lochung vornehmen und dann in Richtstifte stecken und ausrichten. So werden Sie nie wieder ein schiefes Projektionsbild haben.

Für die Beschriftung von OHP-Folien gibt es wasserfeste oder abwaschbare Stifte in den unterschiedlichsten Farben und Strichstärken. Wasserfeste Stifte lassen sich nur schwer von Folien lösen, meist muss eine alkoholische Lösung herangezogen werden, was wiederum die Folie nicht immer verträgt.

Der Umgang mit elektrischen/elektronischen Medien ist für eine Präsentation nur dann von Vorteil, wenn der Vortragende diese Medien problemlos bedienen kann.

Entscheidend für das Gelingen eines Vortrages ist auch ein guter Inhalt

5 Lernsituation

5.1 1. Ausbildungsjahr (Helferausbildung)

Thema der Lernsituationen

Schüler der Alten- bzw. Krankenpflegehilfe sind in der Ausbildung verschiedenen Lernanforderungen ausgesetzt. Sie sollen Fremdwörter und Fachbegriffe kennen, Zusammenhänge in den pflegerischen, medizinischen und sozialen Bereichen erkennen sowie in Leistungsnachweisen und Prüfungen die Lerninhalte wiedergeben und erläutern können. Dies geht weit über die Anforderungen des alleinigen Aufzählens oder Auswendiglernens hinaus und bedarf einer erweiterten Methodenkompetenz beim Lernen.

Lernziele

Die Schülerinnen und Schüler kennen unterschiedliche Lerntechniken und sind in der Lage, diese anzuwenden. Sie reflektieren ihr Lernverhalten und ihren Lernfortschritt.

Zeitbedarf

- 2 × 90 Minuten

Erforderliche Vorkenntnisse

- Allgemeine Schulbildung auf Mittelschulniveau

Situation

Auf den Nachhauseweg von der Frühschicht trifft die Auszubildende Janina Langhals in der Fußgängerzone ihre Mitschülerin Marianne Wolf und begleitet sie ein Stück des Weges. Sie sprechen über einen Leistungsnachweis, den sie im nächsten Schulblock schreiben müssen. „Ich bin schon fast mit den Wiederholungen durch“, meint Marianne, die deutlich älter ist als Janina. „Oh je, ich habe noch nicht mal richtig angefangen und kann mich gar nicht dazu aufraffen“, antwortet Janina lapidar.

Aufgabe 1 (Helferausbildung)

- *Arbeiten Sie am besten mit einem Partner zusammen: Welche Gründe gibt es für Janinas geringe Lernmotivation? Sammeln Sie mindestens 10 Punkte.*
- *Geben Sie nun zu jedem gesammelten Punkt einen möglichen Ausweg an.*

Aufgabe 2 (Helferausbildung)

Fertigen Sie eine Tabelle nach folgendem Muster an:

	Montag	Dienstag	Mittwoch	Donnerstag	Freitag
Motivation					
Bemerkung					

- *Beobachten Sie sich selbst nun mindestens eine Woche lang jeden Schultag und schätzen Sie Ihre Motivation ein. Tragen Sie täglich Ihre geschätzte Motivationsstufe jeweils in der zweiten Zeile ein: 1 = hoch motiviert, 2 = motiviert, 3 = schwankend, 4 = gering motiviert, 5 = nicht motiviert.*
- *Tragen Sie in der dritten Zeile Bemerkungen bezüglich Ihrer Motivationsstufe ein, z. B. Was hat Sie besonders motiviert, was hat Sie besonders demotiviert, was hat Sie abgelenkt? etc.*
- *Werten Sie frühestens nach einer Woche Ihre Tabelle aus. Gab es intrinsische oder extrinsische Motivatoren? Gab es emotionale Störungen, die die Lernmotivation bremsten? Was hat Sie ggf. besonders angetrieben oder was hat Sie demotiviert? Falls Sie zu keiner klaren Aussage kommen, können Sie Ihre Beobachtungen auch auf das Wochenende oder ggf. eine zweite Schulwoche ausdehnen. Seien Sie ehrlich zu sich und kommen Sie Ihren persönlichen Motivationsbeschleunigern oder -bremsern auf die Spur.*

Aufgabe 3 (Helferausbildung)

- *Ziehen Sie ein entsprechendes Fachbuch (z. B. Psychologie) zu Rate und suchen Sie die Bedürfnispyramide nach Maslow.*
- *Formulieren Sie auf einem Papier nun Ihre persönlichen Bedürfnisse. Beginnen Sie bei den unteren Mangelmotiven und arbeiten Sie sich zu den Wachstumsmotiven nach oben.*
- *Zeichnen oder malen Sie nun auf einem Plakat Ihre ganz persönliche Bedürfnispyramide. Was genau ist Ihnen wichtig? Was genau wollen Sie erreichen?*
- *Fügen Sie nun neben jedes genannte Bedürfnis eine Bemerkung in einer anderen Farbe hinzu: Was müssen Sie tun, um diese Bedürfnisse befriedigen zu können?*

Situation

Janina Langhals hat sich durchgerungen und bereitet sich nun auf ihren Leistungsnachweis, der in drei Tagen stattfindet, vor. Der Lernstoff ist umfangreich, die Definitionen schwierig, die vielen Fachbegriffe verwirren sie und die Aufzählungen gelingen ihr nur unvollständig. Entnervt wirft sie nach drei Stunden ihre Unterlagen auf den Boden, nimmt ihre Jacke und verlässt das Haus.

Aufgabe 4 (Helferausbildung)

Versuchen Sie gemeinsam mit einem Lernpartner, die Gründe für Janinas Lernabbruch herauszufinden. Sammeln Sie mindestens fünf mögliche Ursachen und listen Sie diese in einer Tabelle untereinander auf, beschreiben Sie das falsche Verhalten und fügen Sie stichpunktartig eine Lösung (richtiges Verhalten) in die dritte Spalte ein.

Mögliche Ursache	Was ist evtl. „falsch" gelaufen?	Wie macht man es richtig?

Aufgabe 5 (Helferausbildung)

Erstellen Sie gemeinsam mit einem Lernpartner die Stoffübersicht zu einem Leistungsnachweis, der in etwa zwei bis drei Wochen stattfindet.

Strukturieren Sie das Lernpensum

- Erstellen Sie gemeinsam eine Mindmap mit den zu lernenden Stoffen.
- Erstellen Sie nun einen Lern-Zeitplan mittels einer geeigneten Planungsmethode.
- Tragen Sie in den Plan ebenso die Freizeitaktivitäten ein.
- Fertigen Sie eine Skizze Ihres persönlichen Lernortes an: Wie groß ist der Raum, wo steht der Schreibtisch, was liegt auf dem Schreibtisch usw.
- Entspricht der Lernort Ihren eigenen Vorlieben? Tragen Sie Veränderungen in einer anderen Farbe ein. Stellen Sie ggf. virtuell Möbel um und richten Sie sich auf der Skizze neu ein.
- Setzen Sie Ihre Entwürfe zur Neuorganisation Ihres Lernortes in die Wirklichkeit um.

Aufgabe 6 (Helferausbildung)

Partnerarbeit: Betrachten Sie in einem geeigneten Lehrbuch die typischen Anzeichen und Symptome zu folgenden Krankheiten: Thrombose, Pneumonie, Schlaganfall. (Für den Partner sind auch drei andere Themen möglich: Maßnahmen zur Kontraktur-, Sturz- und Obstipationsprophylaxe). Für jede Krankheit haben Sie 5 Minuten Zeit.

Wenden Sie unterschiedliche Lernmethoden an

- Lernen Sie die Symptome zur ersten Erkrankung, egal wie.
- Prägen Sie sich die Zeichen der zweiten Erkrankung durch die Ketten-Methode ein.
- Merken Sie sich die Anzeichen der dritten Krankheit mithilfe der Loci-Methode.
- Ihr Partner fragt Sie nun ab.
- Wechseln Sie nun Ihre Rollen. Ihr Partner lernt und Sie fragen ab.
- Tauschen Sie sich nun gegenseitig aus: Mit welcher Methode kamen Sie am besten zurecht?

5.2 2. Ausbildungsjahr (Pflegeausbildung)

Thema der Lernsituationen

Die Schüler bereiten in Rahmen ihrer Ausbildung Fachaufsätze und Präsentationen vor. Diese Erfahrungen sind auf berufliche Situationen übertragbar. Deshalb ist eine zielgerichtete Auseinandersetzung mit unterschiedlichen Themen notwendig, die zur Vorbereitung der Examensprüfung dienen.

Lernziele

Lerntechniken, Arbeitsmethoden und Informationsbeschaffung

- Auszubildende können Fachaufsätze unter Berücksichtigung von Kriterien erstellen.
- Auszubildende können verschiedene Arbeitsmethoden bei der Erstellung von Fachaufsätzen einsetzen.
- Auszubildende können Informationen für die Erstellung eines Fachaufsatzes zusammenstellen.
- Auszubildende beachten bei der Erstellung von Fachaufsätzen die Grundregeln des Zitierens.

Präsentation und Vortrag

- Auszubildende können Vorträge kriteriengeleitet vorbereiten.
- Auszubildende können Vorträge über ausgewählte Themen halten.
- Auszubildende reflektieren ihre Arbeitsweise und modifizieren sie gegebenenfalls.

Zeitbedarf

- ca. 2 · 90 Minuten bis 6 · 90, Minuten ja nach Lernsituation

Erforderliche Vorkenntnisse

- Kenntnisse aus TLF IV.4.2

Situation

Michael Schneider sitzt mit einer Mitschülerin Anja Britt in der Klasse vor einem Fachartikel. Michael: „Ich verstehe nur Bahnhof; Anja kannst du mir helfen?“

Fachartikel zum Thema Herzinfarkt

Der Herzinfarkt ist eine der häufigsten Todesursachen in den reichen Ländern. Beispielsweise erleiden jährlich in Deutschland rund 280.000 Menschen einen Herzinfarkt von denen ca. 90.000 sterben.

Beim Herzinfarkt handelt es sich um einen regionalen Untergang von Myokard aufgrund einer lokalen Durchblutungsstörung. Ursächlich dabei ist die Verengung des Lumens eines Astes der Koronargefäße.

Meist liegt dem Herzinfarkt eine chronische Entzündung in der Wand der Koronararterien zugrunde, die nur von einer dünnen Fibrinschicht bedeckt wird. Kommt es jetzt zu akuter Belastung durch z.B. Bluthochdruck, so reißt dieser Fibrinbelag auf. Durch Zytokine alarmierte Thrombozyten versuchen zügig diesen Riss zu verschließen und es kommt zu einem Verschluss einer oder mehrerer Koronararterien durch ein Gerinnsel, der als thrombo-embolischer Gefäßverschluss bezeichnet wird.

Klassische Risikofaktoren für die Entstehung des Herzinfarkts und der Arteriosklerose sind insbesondere Rauchen, Bluthochdruck, erhöhte Cholesterinwerte, Diabetes sowie falsche Ernährung, erhöhter Alkoholkonsum, Bewegungsmangel, chronische Entzündungsherde (z.B. Parodontitis) und Stress. Als weitere mögliche Ursachen von Herz-Kreislauf-Erkrankungen treten zunehmend auch erbliche Faktoren in den Fokus.

Quelle: http://flexikon.doccheck.com/de/Herzinfarkt, abgerufen am 21.11.2012

Aufgabe 1 (Pflegeausbildung)

Wie könnte sich Michael einem Fachtext nähern? Schreiben Sie mögliche Wege auf. Entscheiden Sie sich für einen methodischen Weg und probieren Sie diesen aus.

Bearbeiten Sie den Fachtext

- Legen Sie ein Vokabelheft an.
- Schreiben Sie eine Ihnen verständliche Übersetzung.
- Setzen Sie sich mit zwei Mitschülern zusammen und stellen Sie sich gegenseitig Ihre Übersetzungen vor. Bei Unterschiedlichkeiten führen Sie die Übersetzung noch einmal gemeinsam durch und klären die unterschiedlichen Textstellen erneut.
- Welche Tipps würden Sie Michael geben? Erstellen Sie eine Tipp-Liste.

Situation

Michael möchte einen Fachaufsatz in der Klasse präsentieren. Dazu bereitet er eine Präsentation vor.

Aufgabe 2 (Pflegeausbildung)

Schlüpfen Sie in die Rolle von Michael und bereiten Sie die Präsentation vor. Überlegen Sie, wie Sie Ihre Kernaussagen visualisieren können. Benutzen Sie dazu die Grundregeln und Tipps für Vorträge.

Vor der Präsentation

- Überlegen Sie sich eine Einleitung, in der Sie die Mitschüler über den Vortrag informieren.
- Notieren Sie sich die wichtigsten Punkte auf einem kleinen Zettel oder auf Moderationskarten, den Sie während des Vortrages in der Hand halten können.

- Überlegen Sie sich, wie Sie die Informationen vorstellen und Ihre Visualisierung einsetzen wollen. Stellen Sie sich auf Fragen ein, die eventuell während des Vortrages gestellt werden könnten.
- Bereiten Sie Fragen zur Wiederholung vor, die Sie nach dem Vortrag entweder mündlich oder schriftlich stellen möchten. So gewährleisten Sie, dass die Mitschüler aufpassen.

Während und nach der Präsentation

- Tragen Sie Ihre Präsentation Ihren Mitschülern vor.
- Holen Sie sich Feedback von den Mitschülern. Setzen Sie dazu einen Fragebogen ein. So haben Sie die Ergebnisse schriftlich und können später noch mal die Rückmeldungen nachlesen.
- Reflektieren Sie Ihre Vorbereitung als auch die Durchführung Ihrer Präsentation.
  - An welchen Stellen werden Sie in Zukunft Ihre Präsentation verändern?
  - Was würden Sie beim nächsten Mal beibehalten?
  - Schlüpfen Sie aus der Rolle von Michael.
- Welche Tipps geben Sie würden Sie Michael mit auf dem Weg geben, wenn er eine gute Präsentation zeigen möchte?

Situation

Michael Schneider und Anja Britt stehen kurz vor der Examensprüfung. Michael: „Oh je, ich habe noch nicht mit dem Lernen angefangen. Aber auf der Urologie ist so viel zu tun, dass ich völlig kaputt nach Hause komme.“ Anja schaut entgeistert. „Wenn du nicht bald anfängst, dann wirst du es auf gar keinen Fall schaffen.“

Aufgabe 3 (Pflegeausbildung)

Sicherlich kennen Sie ähnliche Sätze von Freunden oder Eltern. Aber helfen diese Botschaften wirklich, erzeugen sie nicht eher einen zusätzlichen Druck? Wie könnte eine Begleitung aussehen? Entwickeln Sie ein Rollenspiel, das Sie den Mitschülern vorstellen. Versetzen Sie sich im Rollenspiel in die Rollen von Michael und Anja.

Aufgabe 4 (Pflegeausbildung)

Mit der Zeitplanung ist es häufig wirklich ein Problem. Häufig sorgen sogenannte Zeitfresser dafür, dass mit dem Lernen nicht angefangen werden kann. Tragen Sie Ihre „Zeitfresser“ zusammen. Erstellen Sie einen möglichen Zeitplan für Michael. Berücksichtigen Sie eine ausreichende Zeit für Entspannung und Lernphasen. Schließlich muss Michael auch noch arbeiten oder hat andere Verpflichtungen. Stellen Sie Ihren Plan optisch dar und stellen Sie ihn den Mitschülern vor.

Aufgabe 5 (Pflegeausbildung)

Überlegen Sie sich Übungen zur Entspannung, die Sie Michael vorschlagen könnten. Probieren Sie die Übungen gegenseitig in der Klasse aus.

Aufgabe 6 (Pflegeausbildung)

Warum ist es so schwer, sich an die in Aufgabe 1–3 sowie den weiteren Tipps im Buch zu halten? Schreiben Sie häufige Ausreden auf. Was könnten Sie vorsorglich unternehmen, damit Sie nicht im Lernstress untergehen? Wie können Sie sicherstellen, dass Sie sich möglichst an den Plan halten?

5.3 3. Ausbildungsjahr (Bachelor)

Thema der Lernsituationen

Die Schüler fertigen in Rahmen ihrer Ausbildung einen Fachaufsatz an. Dazu tragen sie gezielt Informationen zusammen (u.a. auch aus dem Internet).

Lernziele

- Auszubildende können Fachaufsätze unter den Gesichtspunkten des wissenschaftlichen Arbeitens erstellen.
- Auszubildende können Informationen für die Erstellung eines Fachaufsatzes zusammenstellen und dabei Informationen aus dem Internet bewerten und auf ihre Seriosität hin überprüfen.
- Auszubildende beachten bei der Erstellung von Fachaufsätzen die Grundregeln des Zitierens.

Zeitbedarf

- ca. 90 Minuten zur Einweisung
- ca. 3 x 90 Minuten zur Erstellung des Fachaufsatzes
- ca. 2 x 90 Minuten zur Bearbeitung der Fachtexte

Erforderliche Vorkenntnisse

- Kenntnisse aus TLF IV.4.2

Situation

Michael Schneider soll für die Schule einen Fachaufsatz verfassen. Dazu setzt er sich mit Anja Britt zusammen. Beide überlegen zunächst wie sie das Thema aufgreifen sollen und wie sie sinnvolle Texte finden.

Aufgabe 1 (Bachelor)

Schlüpfen Sie in die Rolle von Michael Schneider oder Anja Britt und suchen sich ein Thema heraus, das zurzeit in der Ausbildung besprochen wird. Erstellen Sie zusammen mit einer Mitschülerin/einem Mitschüler eine Mindmap, in der Sie auf die Äste die Überschriften schreiben, die in einer Facharbeit bearbeitet werden müssen.

Sammeln Sie Informationen

- Tragen Sie in verschiedenen Fachzeitschriften und Fachbüchern Informationen über das ausgewählte Thema zusammen.
- Ergänzen Sie gegebenenfalls nach der Informationsrecherche Ihre Mindmap um weitere Äste
- Füllen Sie die Äste mit weiteren Informationen, über die Sie nun gelesen haben.

Erstellen Sie einen Fachaufsatz

- Schreiben Sie eine Einleitung zu Ihrem Fachaufsatz. Was soll im Fachbeitrag deutlich werden? Was ist die zentrale Botschaft? Welche Punkte werden im Fachaufsatz vorgestellt?
- Schreiben Sie den Fachaufsatz, beispielsweise indem Sie Ast für Ast aus Ihrem Mindmap vorstellen. Berücksichtigen Sie dabei die Grundregeln des Zitierens.
- Schreiben Sie einen Schlussteil. Erwähnen Sie Ihre Erkenntnisse, aber auch Fragen, die während des Schreibens aufgekommen sind. Geben Sie einen Ausblick, indem Sie mögliche weitere Punkte aufführen, die noch bearbeitet werden könnten.
- Schlüpfen Sie aus der Rolle.

Blicken Sie auf den Erstellungsprozess zurück

- Wie kamen Sie mit Ihrem Zeitmanagement zurecht?
- Welche Methode des Zeitmanagement haben Sie bewusst/unbewusst eingesetzt?
- Welche Regeln der Arbeitsplatzorganisation haben Sie eingehalten?
- An welchen Stellen im Prozess würden Sie Veränderungen bei einer zukünftigen Erstellung eines Fachaufsatzes vornehmen?
- Welche Punkte oder Arbeitsweisen würden Sie beim nächsten Mal beibehalten?

Situation

Michael Schneider und Anja Britt sitzen vor einem Stapel Fachzeitschriften. Im Gespräch mit Anja fragt sich Michael, woran er überhaupt gute Fachbeiträge erkennen könne.

Aufgabe 2 (Bachelor)

Wählen Sie einen Fachartikel und lesen Sie den Text aufmerksam.

Bearbeiten Sie den Fachtext

- Markieren Sie die Kernaussagen mit einem Marker. Stellen Sie sich anschließend folgende Fragen:
  - Ist der Artikel verständlich?
  - Welche Informationen gibt der Artikel?
  - Sind die Informationen nachvollziehbar?
  - Werden Fachbegriffe erklärt?
  - Sind die Argumente und Informationen aktuell?
  - Werden Tabellen zur Visualisierung eingesetzt?
  - Tragen die Abbildung zur Verdeutlichung bei?
  - Würden Sie den Artikel weiterempfehlen?
  - Werden die Grundregeln des Zitierens berücksichtigt?

Wählen Sie Kriterien für einen guten Artikel

- Welche Kriterien muss für Sie ein guter Artikel berücksichtigen? Erstellen Sie dazu eine Mindmap mit den für Sie wichtigen Kriterien für einen guten Artikel.

- Setzen Sie sich mit einem weiteren Fachartikel auseinander. Überprüfen Sie, ob die von Ihnen erstellten Kriterien hilfreich sind. Gegebenenfalls ergänzen oder verändern Sie Ihre Kriterien.
- Vergleichen Sie die von Ihnen erstellten Kriterien mit den Kriterien eines Mitschülers. Diskutieren Sie die Unterschiede und die Gemeinsamkeiten.
- Überprüfen Sie Ihre Kriterien auf Alltagstauglichkeit. Helfen die Kriterien, um möglichst zügig einen guten Artikel zu finden?
- Stellen Sie Ihre Erfahrungen schriftlich dar und kommen Sie mit Mitschülern ins Gespräch. Welche Tipps würden Sie Michael geben?

Übertragen Sie die o.g. Kriterien auf das Internet

- Woran erkennen Sie einen geeigneten Internetbeitrag?
- Recherchieren Sie im Internet zum Thema „Wirksamkeit von Hilfsmitteln zur Dekubitusprophylaxe“. Suchen Sie zwei verschiedenartige Beiträge und drucken Sie sie aus.
- Prüfen Sie diese nun auf ihre Eignung zur fachlichen Verwendung. Sind die Beiträge wissenschaftlich fundiert?

Situation

Michael liegen verschiedene Textausschnitte vor, die er in seinen Fachartikel zum Thema Dekubitusprophylaxe einarbeiten möchte.
In einem Text steht:

> Mobilisation ist die beste Dekubitusprophylaxe, vor allem, wenn sie nicht nur im, sondern auch außerhalb des Bettes, z. B. Gehen, durchgeführt wird. Aber auch Bewegungsübungen im Bett verbessern die Beweglichkeit, trainieren das Herz-Kreislauf-System, steigern die Durchblutung und vertiefen die Atmung und damit die Sauerstoffsättigung des Blutes. Sind Pflegebedürftige trotz Bettlägerigkeit ausreichend mobil und können selbstständig entlastende Bewegungen ausführen, müssen sie über die Wichtigkeit informiert und ggf. angeleitet werden.

Quelle: Kratz, Thomas: Grundlagenwissen Gesundheit und Pflege für sozialpflegerische Berufe, 2. Auflage, Bildungsverlag EINS, Köln, 2008, S. 203

Aufgabe 3 (Bachelor)

- *Verwenden Sie den Text, ohne ihn zu verändern. Schreiben Sie einen kurzen Aufsatz mit Einleitung, Hauptteil und Schluss. Integrieren Sie den Text im Hauptteil – ohne ihn zu verändern. Berücksichtigen Sie die Grundlagen des Zitierens.*
- *Vergleichen Sie Ihre Ergebnisse mit denen Ihrer Mitschüler.*

Aufgabe 4 (Bachelor)

- *Verwenden Sie den Text sinngemäß. Das heißt, verändern Sie den Text in einem kurzen Aufsatz. Berücksichtigen Sie die Grundlagen des Zitierens.*
- *Vergleichen Sie Ihre Ergebnisse mit denen Ihrer Mitschüler.*

Aufgabe 5 (Bachelor)

- *Gehen Sie ins Internet und suchen Sie nach dem Begriff Dekubitusprophylaxe.*
- *Wählen Sie einen Abschnitt aus, den Sie unverändert in einem der beiden Aufsätze integrieren. Berücksichtigen Sie Grundlagen des Zitierens.*
- *Wählen Sie einen anderen Abschnitt aus, den Sie in einen der beiden Aufsätze einsetzen. Verwenden Sie den Textabschnitt sinngemäß, aber verändern oder kürzen Sie den Text. Berücksichtigen Sie Grundlagen des Zitierens.*
- *Vergleichen Sie Ihre Ergebnisse mit denen Ihrer Mitschüler.*

Aufgabe 6 (Bachelor)

Suchen Sie aus einer Fachzeitschrift einen Artikel zum Thema Dekubitusprophylaxe heraus. Gehen Sie wie in Aufgabe 3 vor.

Aufgabe 7 (Bachelor)

Reflektieren Sie Ihren Erkenntnisgewinn. Können Sie Text im Original oder bei einer sinngemäßen Verwendung aus Büchern, Zeitschriften oder aus dem Internet richtig zitieren?

5.4 Ein möglicher Weg zur Bearbeitung der Lernsituationen: Der Siebensprung

Zu den wichtigsten Leitvorstellungen gehört die Kompetenz, eigenverantwortlich in konkreten Situationen handeln zu können. Wenn Sie handlungskompetent werden wollen, dann müssen Sie bereits beim Lernen Eigenständigkeit erfahren. Der Unterricht darf daher nicht nur aus einem Vermitteln von Fakten und Ergebnissen bestehen, sondern Sie müssen Gelegenheit bekommen, sich mit Aufgaben und Problemen zu befassen, die zur Entwicklung von praxisrelevanten umsetzbaren Lösungen führen. Zusammenfassend könnte gesagt werden: Wer lernen soll, eigenständig zu arbeiten, der muss vor allem lernen, wie man Lösungen beziehungsweise Ergebnisse erzielt. Wichtig dabei ist, dass keine (Lern-)Strategie isoliert für sich betrachtet werden kann. Jeder Mensch ist anders und lernt für sich in seiner Welt und mit seinen Möglichkeiten. Hilfreich und wichtig ist es deshalb, Ihnen Zeit zu geben um eigene Lernstrategien zu entwickeln. Idealerweise wird Ihnen eine mögliche Herangehensweise an Problem- und Fragestellungen geboten, ohne dass eine bestimmte Lernmethode vorgegeben wird. Damit das eigene Lernen überprüfbar wird, ist es notwendig, nicht alleine, sondern zu zweit oder zu dritt diesen Prozess zu durchlaufen. Wichtig ist es dabei, den durchlaufenen Weg rückblickend zu reflektieren. Was kann beim nächsten Mal besser werden? Wo sollte es beibehalten, an welchen Stellen ist der Weg zu verändern? Probieren Sie den Prozess an einer der oben genannten Lernsituationen aus.

Problembearbeitung nach dem Siebensprung

- **Vorbereitung:** Finden Sie sich in Kleingruppen zusammen. Gruppengrößen von maximal 2–3 Personen sind im Lernprozess günstig.
- **Schritt 1:** Klären Sie Begriffe, die Sie nicht verstehen. Jeder unbekannte Begriff wird zunächst gegenseitig erläutert. Dazu können Wörterbücher benutzt werden.
- **Schritt 2:** Definieren Sie das Problem. Erst im zweiten Schritt werden die zentralen Problem- und Fragestellungen aus der Lernsituation herausgearbeitet. Dazu werden Fragen formuliert.

- **Schritt 3:** Analysieren Sie das Problem. Es werden erste Lösungsideen geäußert und Vorwissen diskutiert. Dazu wird noch kein Buch verwendet.
- **Schritt 4:** Ordnen Sie die Ideen und vertiefen Sie sie systematisch. Die einzelnen Ideen werden nach Bedeutsamkeit strukturiert. Daraus ergeben sich weitere Vorgehensweisen.
- **Schritt 5:** Formulieren Sie Ziele. Es werden die weiteren Arbeitsschritte festgelegt, die Aufgaben verteilt und ein Zeitlimit gesetzt.
- **Schritt 6:** Suchen Sie ergänzende Informationen außerhalb der Gruppe. Jeder Schüler macht sich auf die Suche und ergänzt sein Vorwissen durch Literaturarbeit. So entsteht ein Wissen, um die Fragestellungen theoretisch begründet lösen zu können.
- **Schritt 7:** Synthetisieren und testen Sie die neuen Informationen. Das neue Wissen wird zusammengetragen und die besten theoriegeleiteten Lösungen schriftlich zusammengefasst. Günstig ist, wenn die gefundenen Lösungen in der Praxis ausprobiert werden können. Dazu die Praxisanleitung informieren.
- **Reflexion:** Der durchlaufene Prozess wird auf mögliche Verbesserungen in der Arbeitsweise reflektiert und Konsequenzen für zukünftige Arbeitsweisen abgeleitet.

Literaturverzeichnis

Kratz, Thomas: Grundlagenwissen Gesundheit und Pflege für sozialpflegerische Berufe, 2. Auflage, Bildungsverlag EINS, Köln, 2008, S. 203
Lerntechniken, in: Altenpflege in Lernfeldern, Stuttgart, Thieme, 2008, S. 892
Pschyrembel, Willybald: Klinisches Wörterbuch, 261. Auflage, Berlin, 2007
Saint-Exupéry, Antoine de: Die Stadt in der Wüste, 1936
http://flexikon.doccheck.com/de/Herzinfarkt, abgerufen am 21.11.2012
http://www.metager.de

Bildquellenverzeichnis

Adja Schwietring, Köln/Bildungsverlag EINS GmbH: S. 23.2

Bastian Klamke, Berlin/Bildungsverlag EINS GmbH: S. 44.1, 61.1, 65.1

Executive Office of the President of the United States, Washington, D.C.: S. 20.2

Fotolia Deutschland GmbH, Berlin: S. 60.1 (Adrian Vamanu); S. 9.1 (ag visuell); S. 10.1 (Alexander Raths); S. 20.1 (Alexander Rochau); S. 58.1 (alexisdc); S. 41.1 (Andres Rodriguez); S. 66.1 (babimu); S. 18.1 (Bernd Jürgens); S. 31.1 (bilderzwerg); S. 17.1, 27.1, 51.1, 52.1 (contrastwerkstatt); S. 35.1 (Ermolaev Alexandr); S. 14.1 (Erwin Wodicka); S. 11.1 (goodluz); S. 46.1 (Halfpoint); S. 36.1 (i3alda); S. 16.1, 46.2 (Jeanette Dietl); S. 50.1 (Klaus Eppele); S. 19.1 (LaCatrina); S. 45.1 (lassedesignen); S. 49.1 (LuckyBusiness Photo Studio); S. 64.1 (Magnus); S. 12.1 (Martina Berg); S. 15.1-2 (Matthias Enter); S. 66.2 (Melanie Vollmert); S. 37.1 (Michael Rogner); S. 19.2 (Mila Supynska); S. 34.1 (mimadeo); S. 13.2 (Miriam Dörr); S. 54.1 (momius); S. 59.1 (motorradcbr); S. 60.2 (naftizin); S. 24.1, 25.1 (nyul); S. 26.1 (olesiabilkei); S. 32.1 (Pavel Losevsky); S. 37.1 (Peter Atkins); S. 67.1 (Philippe Devanne); S. 33.1 (poligonchik); S. 7.1, 40.1, 57.1, 62.2 (Robert Kneschke); S. 48.1 (Sandor Jackal); S. 56.1 (Serg Nvns); S. 62.1 (THesIMPLIFY); S. 28.1 (thingamajiggs); S. 13.1 (WavebreakmediaMicro); S. 68.2 (wildworx); S. 38.1 (Woodapple)

Hendrik Kranenberg, Drolshagen/Bildungsverlag EINS GmbH: S. 8.1-3

Joachim Berga, Passau/Bildungsverlag EINS GmbH: S. 21.1, 23.1, 29.1, 68.1

Umschlagfoto: Fotolia Deutschland GmbH, Berlin (twixx)

Sachwortverzeichnis